2022年度国家档案局科技项目计划(档函〔2022〕66号)立项课题"公路建设项目电子文件智慧归档研究"(项目编号:2022-X-017)

公路建设项目电子文件智慧归档研究

胡文学　丁海斌　编著

人民交通出版社

北京

内 容 提 要

本书聚焦于数字化时代下公路建设项目电子文件的智慧归档问题，深入探讨了信息技术在交通运输行业档案管理中的应用与创新。全书共分为六个章节，涵盖了电子文件智能归档管理的构建原理、公路建设项目电子文件智慧归档中的关键技术研究、机器学习技术在公路电子文件归档的应用以及公路建设项目电子文件智慧归档系统的设计与实现等方面的主要内容，详细阐述了电子文件智能归档的管理要求与技术支撑，对比分析了智能归档系统与传统归档系统的差异，着力聚焦于机器学习在智慧归档中的应用，对机器学习的工作流程、核心要素及多种机器学习模型进行深入地介绍，为读者提供了较为全面的视角。此外，还从多个维度系统阐述了机器学习技术如何改变公路建设项目电子文件归档，并分析了五种主流机器学习模型的具体应用案例，并在现有系统基础上引入人工智能技术等关键技术提出实现智慧归档系统的设计与实现路径。

本书力求理论与实践相结合，为交通运输行业的数字化转型及信息技术领域的研究者和实践者提供有价值的见解和启示。

图书在版编目（CIP）数据

公路建设项目电子文件智慧归档研究／胡文学，丁海斌编著.—北京：人民交通出版社股份有限公司，2025.1.—ISBN 978-7-114-19844-1

Ⅰ.U415.12;G275.3

中国国家版本馆 CIP 数据核字第 20248J5J46 号

Gonglu Jianshe Xiangmu Dianzi Wenjian Zhihui Guidang Yanjiu

书　　名：	公路建设项目电子文件智慧归档研究
著 作 者：	胡文学　丁海斌
责任编辑：	李　农　石　遥　刘永超
责任校对：	赵媛媛　魏佳宁
责任印制：	张　凯
出版发行：	人民交通出版社
地　　址：	（100011）北京市朝阳区安定门外外馆斜街 3 号
网　　址：	http：//www.ccpcl.com.cn
销售电话：	（010）85285857
总 经 销：	人民交通出版社发行部
经　　销：	各地新华书店
印　　刷：	北京市密东印刷有限公司
开　　本：	787×1092　1/16
印　　张：	10.25
字　　数：	231 千
版　　次：	2025 年 1 月　第 1 版
印　　次：	2025 年 1 月　第 1 次印刷
书　　号：	ISBN 978-7-114-19844-1
定　　价：	90.00 元

（有印刷、装订质量问题的图书，由本社负责调换）

本书编写组

主　　编：胡文学　丁海斌

编写人员：古鹏翔　归吉官　罗夏钻　颜　晗　黄晓丹
　　　　　陈　琳　李倍安　黄志欢　付立勇　陈瑞玲
　　　　　刘宪林　李沅睿　陈飞宏　林　霞　黄一鸣
　　　　　覃荣武　秦　宇　刘标永　黄本锐　王　健
　　　　　卢大林　何伟强　温才名

前 言
Preface

在数字化时代,信息技术的迅猛发展正在深刻地改变着我们的工作和生活方式。特别是在交通运输行业,数字化转型已成为推动行业进步的重要力量。随着国家政策和法规的推动,以及信息技术的不断发展,公路建设项目的电子文件管理面临着前所未有的挑战和机遇。在这样的背景下,本著作应运而生,旨在探讨和解决公路建设项目电子文件智慧归档的关键技术和系统设计问题。

全书共分为六个章节,首章"绪论"部分详尽地介绍了研究背景、目的及其重要意义,系统回顾了国内外相关研究的现状与未来走向。在此基础上,明确了本书的核心研究内容与整体思路,并着重突出了研究的特色与创新之处,主要体现在以下几个方面:将电子文件归档范围、保管期限、密级设定、分类族谱以及公路行业标准深度整合至公路建设项目档案系统,采用安全可靠的电子签章技术,系统自动评估拟归档文件的完整性、真实性、准确性及系统性。同时,借助数据库不断增长的存储能力,结合先进的机器学习与比对算法,成功实现了公路建设项目质保资料电子文件的动态智慧识别与自动归档,并可智能地扩展电子文件的归档范围。通过这一系列的电子文件智慧归档研究,有效提高了公路建设项目电子文件管理的效率与准确性。

第二章"电子文件智能归档管理与系统设计原理"详细阐述了电子文件智能归档的管理要求与技术支撑,并对智能归档系统的设计与传统归档系统进行了对比分析。传统归档模式基于纸质文件,强调物理存储,而智能归档则聚焦电子文件,采用在线逻辑管理方式。因此,电子文件智能归档的实现需要管理和技术的双重保障。其中,管理条件是技术应用的前提,涉及业务系统的有效对接与内置清单的精心规划。智能归档系统通过智能排查机制(包括四性检测、内置清单比对等),筛选出符合归档标准的文件,进行逻辑归档,并将归档文件无缝对接至应用系统或集成平台。档案模块依据归档范围,制定电子档案验收的详细目录标准,在文件归集时自动关联相应目录。辅助系统则利用预设分析规则,在案卷管理前自动检测电子档案文件的完整性,生成分析报告。最后,我们从归档主体、归档路径、技术应用三个方面,对智能归档系统与传统归档系统进行了深入比较。

第三章"基于机器学习的智慧归档关键技术研究"聚焦机器学习如何赋能智慧归档。作为人工智能领域的关键分支,机器学习通过整合数据与算法,赋予计算机系统自我学习的能力,从而能够识别数据模式、进行预测并做出决策。在智慧归档的实践中,机器学习技术的应用包括数据预处理、特征提取、模型选择与训练,以及模型验证与评估等重要环节,这些环节共同构成了机器学习工作流程的核心,是实现智慧归档自动化与智能化的核心要素。

本章还详细解析了线性回归、逻辑回归、决策树、随机森林、支持向量机、K近邻算法、神经网络、集成学习方法、聚类技术以及降维策略等10种机器学习模型，从机器学习的起源、发展历程到关键技术的研究，再到具体应用领域与模型分析，为读者提供了一个详尽且全面的视角。

第四章"机器学习在公路电子文件归档中的应用研究"将理论探讨与实践应用紧密结合，系统阐述了机器学习技术如何深刻改变电子文件归档的多个维度。从早期的基础算法到现今的深度学习模型，机器学习技术已广泛应用于文件分类、检索优化、文本处理（提取、标注）、相似度分析、排序推荐、命名规则、版本管理、安全监测、内容创新、特征识别及质量评价等领域。此外，本章还详细分析了朴素贝叶斯分类器、支持向量机、深度神经网络、决策树和随机森林这5种主流机器学习模型在电子文件归档中的具体应用案例。

第五章"公路建设项目电子文件智慧归档系统设计与实现"作为本书的实践篇章，是在现有"公路建设项目电子归档业务管理系统"基础上的一次重大升级。通过引入人工智能技术、文本相似度比对算法、正则规则匹配机制以及标准化的题名制定、编码规则和文件清单管理等关键技术，该系统在业务处理流程中成功实现了智慧归档。本章深入介绍了智慧归档系统的设计与实现路径，包括技术选择的考量、系统运行环境的搭建、元数据管理策略的制定以及电子文件封装技术的具体实现等核心内容。

最后，在第六章"研究总结与展望"中，我们归纳了本研究的核心成果，即针对公路建设项目电子文件智慧归档的问题，基于比对原理和机器学习技术成功研发了智慧归档系统。为全面攻克这一复杂难题，我们采取了涵盖技术革新、管理体系优化及法律框架完善等多维度的综合策略。然而，仍需进一步深化探索，以期在电子文件智慧归档领域实现更多创新突破，为公路建设项目的高效管理和顺畅运营提供坚实的支撑。

本书系2022年度国家档案局科技项目计划（档函〔2022〕66号）立项课题"公路建设项目电子文件智慧归档研究"（项目编号：2022-X-017）的成果，在撰写过程中，我们力求将理论与实践相结合，不仅提供了丰富的理论分析，还包含了大量的实际案例和系统设计细节。我们希望本书能够为交通运输行业的数字化转型提供参考和指导，同时也为信息技术领域的研究者和实践者提供有价值的见解和启示。在数字化浪潮中，让我们一起探索电子文件智慧归档的新路径，共同推动行业的创新发展。

作 者

2024年9月

目 录
Contents

1 绪论 ··· 1
   1.1 研究背景 ·· 1
   1.2 研究目的与意义 ·· 3
   1.3 国内外研究现状及发展趋势 ··· 4
   1.4 主要研究内容与思路 ·· 7
   1.5 研究特色与创新点 ··· 9

2 电子文件智能归档管理与系统设计原理 ··· 10
   2.1 概述 ··· 10
   2.2 智能归档所需的管理条件和要求 ··· 16
   2.3 电子文件智能归档系统的设计实现与新旧系统比较 ···························· 20

3 基于机器学习的智慧归档关键技术研究 ··· 27
   3.1 研究的背景、目的、意义及国内外概况 ·· 27
   3.2 机器学习的关键技术研究 ·· 35
   3.3 机器学习应用领域及模型 ·· 52

4 机器学习在公路电子文件归档中的应用研究 ·· 64
   4.1 电子文件归档应用 ··· 64
   4.2 电子文件归档领域关键技术 ··· 71
   4.3 电子文件归档领域常用模型 ··· 74

5 公路建设项目电子文件智慧归档系统设计与实现 ·· 78
   5.1 技术选型 ·· 78
   5.2 运行环境 ·· 82
   5.3 元数据方案及电子文件封装的设计与实现 ·· 83
   5.4 防篡改技术的设计与实现 ·· 95
   5.5 文本相似度比对、正则匹配及人工智能语音识别应用的设计与实现 ······ 99
   5.6 基于规则定义、文件清单化的智慧归档设计与实现 ··························· 102
   5.7 数据交换技术的设计与实现 ·· 103
   5.8 系统功能设计与实现 ··· 104

6 研究总结与展望 ·· 117
   6.1 研究结论 ··· 117

		6.2 研究展望	118
附录 A		**WebAPI 接口及与各业务系统实现数据交互**	**119**
	A.1	接口基础配置	119
	A.2	与计量支付业务系统归档设计与实现	120
	A.3	与试验检测业务系统归档设计与实现	123
	A.4	与 OA 系统归档设计与实现	136
附录 B		**语音操作指令模板示例**	**149**
	B.1	帮助类	149
	B.2	操作类	149
	B.3	查询类	149
参考文献			**151**

1 绪 论

1.1 研究背景

随着科技的快速发展和信息化建设的不断深入,公路建设项目的电子文件数量和复杂度逐渐增加,如何高效、准确、安全地管理这些文件成了亟待解决的问题。同时,在公路建设项目管理中,文件归档是一个重要环节,它不仅涉及项目过程的记录和追溯,还关系到项目质量、安全和效益的保障。然而,传统的文件归档方式存在归档效率低下、信息不准确、管理难度大等问题,已经无法满足现代公路建设项目的需求。因此,开展公路建设项目电子文件智慧归档的研究,具有非常重要的现实意义和应用价值。

1.1.1 国家政策和法规的推动

2017 年,党的十九大报告将"建设数字中国"写入党和国家的纲领性文件;2021 年,《中华人民共和国国民经济和社会发展第十四个五年规划和 2035 年远景目标纲要》部署"加快数字化发展,建设数字中国";2022 年,党的二十大报告中提出"加快建设数字中国";2023 年,党中央、国务院发布了《数字中国建设整体布局规划》,明确了数字中国的顶层设计,推进数字技术与经济、政治、文化、社会、生态文明建设"五位一体"深度融合。"十四五"时期,信息化进入加快数字化发展、建设数字中国的新阶段。随着国家信息化建设的发展与推进,相关的政策和法规也逐步完善。《"十四五"国家信息化规划》《工业和信息化部等十六部门关于促进数据安全产业发展的指导意见》《新型数据中心发展三年行动计划(2021—2023年)》等陆续出台,推动了新时期信息化建设的高质量发展。其中,《"十四五"国家信息化规划》是"十四五"国家规划体系的重要组成部分,对信息化工作提供了指导方向,对数字中国的建设起到了决定性的作用,促进了我国信息化发展水平的提升。

信息化和数字中国建设是建设中国式现代化的重要组成部分,数字中国建设涉及全社会各个领域的数字化转型,而档案事业的现代化是中国式现代化体系的重要构成,因此,在数字化建设浪潮和中国式现代化建设的进程中,国家发布了一系列关于电子文件的法律和标准规范,例如《中华人民共和国电子签名法》(主席令第十八号)、《电子文件管理系统通用功能要求》(GB/T 29194—2012)、《电子文件归档与电子档案管理规范》(GB/T 18894—2016)等。这些对电子文件的生成、处理、归档、利用和存储等环节进行了规定,有力地推动了电子文件管理的规范化和标准化,促进了电子文件的广泛使用和共享,为公路建设项目电子文件智慧归档的研究和应用提供了政策和法规支持。

1.1.2 交通运输行业的数字化转型

随着信息化技术的飞速发展,人工智能、物联网、大数据等数字化、智能化技术与交通运输行业深度融合发展。新一代信息技术的快速发展为智慧交通提供了强大的技术支撑,推进了交通运输行业的变革,使交通运输行业向数字化、智能化、智慧化转型发展。近些年来,为建立和完善交通运输行业的信息化,国家陆续出台《交通强国建设纲要》《国家综合立体交通网规划纲要》《数字中国建设整体布局规划》《加快建设交通强国五年行动计划(2023—2027年)》,交通运输部相继印发《交通运输部关于推动交通运输领域新型基础设施建设的指导意见》《交通运输部关于推进公路数字化转型加快智慧公路建设发展的意见》《数字交通"十四五"发展规划》,规范了交通运输行业信息化建设、应用、维护流程,加强了对信息化建设全过程的管理,进一步完善了交通运输信息化建设体制机制。在政策和技术的协同驱动下,智慧交通迈向了高速发展时期。

在交通运输行业数字化转型期,电子文件必然成为这一时期公路建设项目中的主要资料形式。这些电子文件包括设计图纸、施工记录、质量检测报告等各种类型。这些电子文件不仅数量庞大,而且需要及时、准确地归档保存,以备后续的查询和使用。然而传统的纸质档案管理方式已经无法满足这种需求,因此,对电子文件的智慧归档研究是必要的。

1.1.3 公路建设项目电子文件的特殊性

首先,公路建设项目具有投资大、周期长、参与方众多等特点,其实施通常分为若干阶段,如工程前期准备阶段、施工设计阶段、施工阶段、竣工验收阶段等,涉及多个专业领域和部门,产生大量的文件和资料,这些资料会随着工程的进展而不断更新和变化,这些文件之间存在一定的关联关系,需要进行系统化管理,以便更好地满足项目管理和归档的要求,这使得公路建设项目的电子文件管理具有较高的复杂性。

其次,公路建设项目电子文件涵盖多个领域和专业,如工程设计、施工、监理、管理等,同时涉及的文件类型非常多,数据庞大,包括设计图纸、施工记录、监理报告、验收报告等,这种多样性使得公路建设项目档案的管理需要更加细致和全面,以确保数据的完整性和准确性。此外,公路建设项目涉及大量的地理信息数据,这些数据需要进行高效、精确的管理。

总之,公路工程建设项目电子档案是由一系列相互关联的文件组成,这些文件共同记录了一个公路工程建设项目的全过程,包括从立项到竣工验收的所有资料。这些资料应当按照项目成套性的特点进行整理和归档,以便日后的查阅和使用。因此,鉴于公路建设项目电子文件的特殊性,在电子文件的管理中要充分考虑其特点,采取有效的措施和方法进行存储、管理和归档,以确保电子文件的完整、准确和安全。然而,按照传统的档案管理方式已无法满足公路建设项目的需求,因此,对公路建设项目电子文件的智慧归档进行研究具有重要的实践意义。

1.1.4 信息技术的发展

随着科技的迅速发展,信息技术在各领域的应用越来越广泛。信息技术与公路建设项目深度融合,大数据、云计算、人工智能、数字孪生技术、地理信息系统(GIS)、遥感技术在公路建设项目中发挥着重要作用。通过大数据可以为公路建设项目提供全面的数据支持,通过对大量数据的分析,可以预测交通流量、评估路网状况、优化资源分配等,为决策者提供科学依据。云计算可以为公路项目管理提供强大的计算和存储支持,云计算平台可以实现项目信息的集中存储和管理,同时,云计算还可以提供各种项目管理工具,如进度管理、质量管理等。总之,在勘察设计、施工管理、养护管理、决策分析、项目管理、安全监测、规划设计、物流信息管理以及应急管理等方面,信息技术发挥着越来越重要的作用,促使公路建设项目向着数字化、智能化、信息化和绿色化的发展,提高建设效率和质量,推动公路行业的转型升级,这为公路建设项目电子文件的管理和智慧化处理提供了可能。通过公路建设项目电子文件智慧归档研究,可以促进档案管理领域的创新发展,提高公路建设项目的档案管理水平。

1.2 研究目的与意义

1.2.1 研究目的

通过电子文件智慧归档的研究,提高公路建设项目电子文件管理的效率和准确性。在公路建设项目档案系统中植入电子文件归档范围、保管期限、密级、分类族谱和公路行业标准,采用安全、可靠的电子签章技术,系统可自动判断拟归档文件的完整性、真实性、准确性和系统性。利用数据库逐渐累增的数据存储量,通过机器学习和比对算法,实现公路建设项目质量保证资料电子文件动态智慧排查和自动归档,并智能扩充电子文件归档范围。

本书研究的主要目标有以下几个方面:

第一,提供智能化的服务。机器学习应用于档案管理系统中,通过学习和优化模型,使系统能够自动识别和理解档案中的内容,提供智能化的分类、检索和搜索服务。这将大大提升用户的体验和满意度,为用户提供更便捷、准确和个性化的服务。

第二,发现隐藏的模式和趋势。通过对比算法和机器学习,可以从大量的历史档案数据中发现隐藏的模式和趋势。这有助于机构和组织了解档案的变化规律和发展趋势,从而制定更有针对性和有效性的档案管理策略。

第三,数据安全和隐私保护。档案管理涉及大量敏感信息,如个人身份证件、合同等。研究机器学习在档案管理中的应用,可以帮助检测和识别潜在的安全风险和可能的隐私泄露,加强数据安全和隐私保护措施,保护档案的安全性和完整性。

第四,推动数字化转型。随着信息技术的不断发展,数字化档案管理已成为未来的趋势。智慧归档可以提供自动化、智能化和高效率的解决方案,推动档案管理的数字化转型,提高管理效率和服务质量。

1.2.2 研究意义

第一,提高公路建设项目电子文件归档效率。通过智慧归档技术,可以实现电子文件的自动分类、整理和存储,大大提高归档效率,减少人工干预和操作,降低管理成本。

第二,保障公路建设项目电子文件信息安全。智慧归档系统可以对电子文件进行加密、备份、恢复等安全处理,确保文件不会被恶意篡改或丢失,保障信息的安全性。通过自动化的信息采集和处理,可以减少人为错误和疏漏,提高信息的准确性,为项目管理提供更为准确的数据支持。

第三,优化公路建设项目管理流程。公路建设项目电子文件通过智能归档,可以实现电子文件与项目进度、质量、安全等方面的数据集成,为项目管理提供全面的信息支持,优化项目管理流程。

第四,推动公路建设行业的数字化发展。开展公路建设项目电子文件智慧归档研究,有助于推动公路建设行业的信息化建设和发展,提高行业整体竞争力。

1.3 国内外研究现状及发展趋势

1.3.1 国内研究现状

我国已经在建设项目中开展电子文件归档的研究,并取得相关成果,中华人民共和国国家档案局发布《电子文件归档与电子档案管理规范》(GB/T 18894—2016)和《政务服务事项电子文件归档规范》(DA/T 85—2019),并从2017年开始,连续三批次在全国范围内开展建设项目电子文件归档研究试点工作。此外,大批学者也分别从不同角度对建设项目电子文件归档进行研究。但是,针对公路建设项目的电子文件智慧归档尚有诸多课题需要立项研究,以适应建设交通强国的需要。

(1)公路建设项目电子文件归档标准规范不健全、系统开发不统一。档案行业和交通运输行业对建设项目电子文件归档有纲领性、原则性规定,操作性有待补充和完善。各类业务系统大多数不具备电子文件归档功能,或不具备智慧归档,或归档格式、元数据管理不能满足使用要求。系统开发门槛低而导致海量的档案软件,文件归档方案无法统一。

(2)建设项目电子文件归档技术有待深化研究。尽管国家档案局已经连续三批次在全国范围内开展建设项目电子文件归档研究试点工作,但电子归档技术研究尚不成熟,系统不具备电子文件元数据管理功能,导致部分电子文件尚未向电子档案管理系统移交。

(3)公路建设项目电子档案智慧归档尚处于空白地带。通过检索文献、标准、规范和查新,公路建设项目电子文件在线智慧归档尚未开展研究。公路建设项目电子文件智慧归档还没有专题研究和报道。公路行业的业务系统众多且良莠不齐,数据结构不匹配。这些现实的问题,有待宏观研究和微观解决。

(4)既有系统缺乏机器学习功能。目前市面上用于公路行业的电子档案系统,有些具有人工+系统归档功能。但面对不断增加的具有查考利用价值的电子文件,既有系统不得不采用人工干预归档,这种方法受人为因素影响较大。机器学习算法用于公路电子文件归档尚无公开的研究报道。

1.3.2 国外研究现状

对于数字档案管理系统的研究,国外起步早并取得很多成果。1960年,美国国家档案馆已开始收集保管电子文件,在建筑档案数字化方面走在了前列。❶ 20世纪末期,美国国家档案与文件署就组织开展了档案信息化的建设,在信息化技术支持下建立了档案信息导航系统(NAIL),进一步完善了档案管理,实现了灵活的档案归类归档工作,如按照档案的出处、档案的形成时间或档案的用户群体进行归档划分,非常方便相关档案信息的快速获取查询。该系统应用后,越来越被使用者认可,已发展为一个庞大的电子查询系统。为了给用户提供更加优质的服务,2018年美国对该系统进行了进一步优化,试图对该系统的存储空间、安全、保密等方面进一步完善,同时向实现全面档案信息高度共享阶段迈进。

澳大利亚在电子档案管理方面也取得了显著的成效。2000年,澳大利亚颁布《联邦政府文件保管政策》,宣布澳大利亚国家档案馆负责对所有有价值电子文件的保管工作。❷ 2006年,澳大利亚发布《数字化保存:照亮过去,指引未来》,有效完善了数字档案管理,为数字档案管理提供了一套科学的理论体系。❸ 2011年,澳大利亚对本国企业的文件进行了数字化改革,以适应数字转型环境下信息与文件管理的需求。2013年,澳大利亚发布政策,要求2015年之后必须是数字格式的文件才可以提交给国家档案局,也就是说将全面实现电子档案的管理。2015年,澳大利亚发布政策,要求电子邮件、数据库等与网络相关的文件实现数字化。

国外学者对电子档案管理进行研究,也取得了广泛的学术成果。在保障电子档案内容真实性方面,国外学者通过前端控制和全程管理监督方法,防止电子档案被修改和删除,保证电子档案内容的真实性;在保障电子档案信息安全方面,严格记录电子文件档案形成的时间、范围等,以保障电子档案的安全性。2007年,Kwon等讨论了韩国公司的管理信息系统可能存在的信息安全问题,并提出了一种"参照设计模型",有效解决了实际应用过程中MIS的安全问题。❹

但是,融合机器学习算法等赋能技术的电子文件智慧归档应用到公路建设项目中,在国内外未见有相关报道,机器学习算法在公路建设项目的应用基本还是空白。以"档案""机器学习"以及"电子文件""机器学习"为检索词,在中国知网数据库内检索,分别得到65篇和10篇相关文献,在公路建设项目方面相关文件都为0篇。以"电子档案"并含人工智能、图像识别、机器学习等相关技术为检索词,在Web of Science两个数据库内进行检索,得到103条相关文献,在筛查后未见有与公路建设项目电子文件智慧归档研究的相关报道。针对国内外的文献成果,具体描述如下:

---

❶ BOYD N. NSW Chapter Digital Archive[J]. Architecture Bulletin,2014(Autumn):5-5.
❷ 丁海斌,卞昭玲.电子文件管理基础教程[M].辽宁:辽宁大学出版社,2011.
❸ 赵豪迈,庞莉.国外数字档案集中管理的历史、现状与经验[J].陕西档案,2014(6):52-54.
❹ KWON S,JANG S,LEE J,et al. Common defects in information security management system of Korean companies[J]. Journal of Systems and Software,2007,80(10):1631-1638.

随着人工智能技术的迅猛发展,机器学习、深度学习应用到了诸多领域,但在档案管理中的应用研究还处于起步阶段,面临着全新的挑战,相关学者开始在这方面进行研究,取得了一定的成果。2021年,杨建梁[1]解析了档案机构主导的机器学习应用于档案管理,研究机器学习应用的可行性以及应用逻辑与方法。2018年,张燕超[2]研究数据挖掘及机器学习技术,旨在实现档案的多元分类、档案信息的准确检索、档案内容的整合呈现以及档案鉴定的科学规范化。2020年,邹燕琴[3]以"人工智能+"档案智慧服务为切入点,研究档案智慧服务体系构建及其所面临的困境。在应用前景方面,2020年,隋永[4]在语音识别、语义理解、图像识别、深度学习与机器学习、人工智能芯片等人工智能技术的基础上,研究其在高校档案管理中的应用前景,指导服务高校档案管理。2019年,李子林和熊文景[5]研究了人工智能在档案工作中的应用将推动档案管理理论的发展与创新、倒逼档案管理模式的优化与转型、助推档案管理人员的改造与升级。2019年,Sik[6]提出了一种利用机器学习的技术,通过监督学习,对电子文档进行自动分类,并将其应用于工作分析。2020年,Heath Goodrum等[7]针对电子健康记录包含的来自身份证、放射学报告、临床信件和许多其他文件类型的扫描文件,创建并评估了多个文本分类机器学习模型,准确地对扫描的文本进行了分类。2017年,Baron和Payne[8]针对公共档案馆中电子记录的相关问题,以机器学习的形式提高了电子文件审查鉴定效率。

1.3.3 发展趋势

系统具有自动归档功能是时代发展的需要,各行业的业务系统或档案管理系统要求嵌入归档功能。《"十四五"全国档案事业发展规划》中明确强调,强化各领域电子文件归档工作,着力推进在业务流程中嵌入电子文件归档要求,在业务系统中同步规划、同步实施电子文件归档功能,保障电子文件归档工作广泛开展,切实推动来源可靠、程序规范、要素合规的电子文件以电子形式单套制归档。

机器学习算法助力增量电子文件和档案的精准利用。《"十四五"全国档案事业发展规划》要求大力推进"增量电子化",促进各类电子文件应归尽归,电子档案应收尽收。实现智能增量文件归档,最便捷的途径就是将机器学习算法用于业务系统或电子档案管理系统。

档案数据集成平台利于在线智慧归档,公路建设项目档案数据集成平台建设正在公路

---

[1] 杨建梁. 基于深度学习的数字文书档案保管期限智能化划分研究[J]. 档案学通讯,2021(4):108-112.
[2] 张燕超. 数据挖掘在档案管理中的应用研究[D]. 苏州:苏州大学,2018.
[3] 邹燕琴. 人工智能+档案[D]. 济南:山东大学,2020.
[4] 隋永. 人工智能技术在高校档案管理的应用研究[J]. 电脑知识与技术,2020,16(22):171-172,175.
[5] 李子林,熊文景. 人工智能对档案管理的影响及发展建议[J]. 档案与建设,2019(6):10-13,9.
[6] SIK K D. Automatic classification model of electronic documents based on machine learning for job analysis[J]. Journal of Korean Institute of Information Technology,2019(17):23-29.
[7] HETAH G,KIRK R,ELMER V Bernstam. Automatic classification of scanned electronic health record documents[J]. International Journal of Medical Informatics,2020,144(56):104-302.
[8] BARON J R,PAYNE N. Dark archives and e-Democracy:strategies for overcoming access barriers to the public record archives of the future[R]. Paper presented at 2017 7tH International Conference for e-Democracy and Open Government (CEDEM),Danube Univ. Krems,Krems,Austria,May 17-19,2017.

行业稳步推进,意味着利用区块链技术,统一了各系统的端口参数,实现档案信息资源共享。将机器学习算法、区块链技术引入集成平台,助力公路建设项目在线智慧归档。在线智慧归档是档案监管、验收工作的重要手段和"互联网+监管"手段,建立档案数字治理新模式,推动档案工作融入各项业务全流程,推进档案业务在线监督指导,提升档案治理网络化、智能化、精细化水平是国家档案事业发展规划的组成部分。利用互联网技术,将监管、验收工作贯穿整个项目建设期,可以提高建档质量。

1.4 主要研究内容与思路

1.4.1 主要研究内容

本书的研究内容已列入广西交通运输厅、科学技术厅《科技创新助推广西交通强国试点建设三年实施方案》(桂交科教函〔2021〕316号)的补充。"公路建设项目电子档案智慧验收的研究"作为其子项目,已启动相关工作,为研究打下了坚实基础。

1.4.1.1 研究电子文件命名规则、存储格式、优化电子文件信息包

通过调研公路建设项目常见的业务系统和集成平台的电子档案管理系统,分析电子文件属性、类别族群、来源等背景信息包,研究电子档案管理系统原生文本型、业务系统导入型、文本数字化型、声像型等不同类型电子文件特征,建立文件命名规则、优化公路电子文件和电子档案元数据著录方案,推荐电子文件存储格式。

1.4.1.2 研究智慧排查拟归档文件的真实性、准确性、完整性和系统性

基于 BLAST(Basic Local Alignment Search Tool)和文本相似度算法比对原理,对建设项目电子文件进行序列比较,找出序列的相似性,判别序列的差异性,从而智慧排查归档文件的真实性、准确性。根据文本相似度算法,系统比对和排查拟归档文件的完整性和系统性。智慧排查研究的主要内容如下:

(1)比对文件特征元素,著录和管理元数据。系统内置建设项目电子文件归档范围及类型族谱、保管期限、密级、元数据要求等标准值,分别比对系统原生文本型、其他业务系统导入型、单个文件录入系统型、文本数字化型、声像型等不同类别文件的元素,系统在人工辅助下自动完成电子文件元数据著录和管理。

(2)比对文件生成条件,判断文件的真实性。系统内置不同类型电子文件真实性判断条件、管理制度,分别比对各类电子文件是否来源可靠,鉴定文件内容在传输、存储、迁移过程中未被篡改,判断其真实性,包括系统原生文本型电子文件记录的各类数据信息、常用业务系统导入系统的信息、PDF或OFD电子文件信息、声像文件信息和电子签章的安全、可靠性。

(3)比对文件归档规范,鉴定文件的准确性。系统内置公路建设项目归档范围和文件材料归档办法、实施细则,电子文件准确性的判断条件,分别比对收集的文件内容是否符合标准规范、与客观事实是否相符,包括文件的内容信赖度、责任者、规范性题名、密级、保管期

限、行业标准。

(4)比对文件的因果关系,评价文件的系统性。采用"由果溯因法",系统内置文件归档的基本规则和方法,对原生文本型、其他业务系统导入型或录入型电子文件的构成进行自动筛分,判断单份电子文件组件和多份文件逻辑预组卷的排序系统性。

1.4.1.3　研究基于机器学习的归档范围外的增量电子文件的智慧归档问题

基于机器学习算法、图片EXIF信息盲取技术,根据数据库累增的增量数据,不断修正项目文件收集、归档方法与范围,提升归档智能水平。实例验证,实现电子文件动态智慧排查、归档、利用,为电子文件归档和电子档案智慧验收一体化提供理论和实践。重点研究内容如下:

(1)计算机视觉判断声像文件。基于图片EXIF信息的盲取技术,系统根据图像辨识物体、场景和活动的真实性和隐含的信息,自动著录部分元数据和人工校验、补充元数据,智慧分类。

(2)机器学习算法修正增量电子文件。根据不断积累的信息和陆续归档机器记忆,系统对有查考利用价值的文件判定归档,精准利用。

(3)语音识别指令判断。反复的语音重复后,系统根据语音指令,对电子文件进行判断和智慧排查。

1.4.1.4　设计实现"公路建设项目电子文件归档管理系统"

在申报单位已有的"公路建设项目电子档案管理系统"的基础上,升级为新的"智慧归档系统"。

(1)智慧归档系统的开发。在智慧归档系统中内置智慧归档模块,建立电子文件信息数据库,实现量化与动态管理,设计实现电子文件智慧归档。系统开发应满足《电子档案管理系统通用功能要求》(GB/T 39784—2021)的要求。

(2)系统内置清单。以公路建设期各种业务系统的集成平台为基础,将公路建设期项目文件收集范围细化到具体文件清单,内置系统。同时,系统内置各类比对条件。系统对拟归档的电子文件实行自动排查,判断建设期电子收集、归档文件的完整性、真实性、准确性和系统性。自动判断文件签署真实性,自动识别影像文件真伪性。

(3)数据交换技术。对试验、计量、自动化办公系统(OA)、征地拆迁等各类业务系统集成平台,建立数据交换平台。随着不断丰富的海量数据信息,利用机器学习算法,系统智能修正和打破电子文件的归档边界,精准利用档案。

(4)业务系统归档模式。统计显示,公路建设期使用10~15个独立的业务系统。目前,这些系统多数不具备档案归档功能。本书将对依托项目施工的业务系统进行升级改造,根据不同的业务系统,选择合适的嵌入、独立、整合或互联等模式,对所形成的电子文件按照档案标准规范在业务系统中自动归档。在集成平台中,业务系统形成的电子文件导入档案管理系统,实现智慧接收。

(5)防篡改技术的研究。接收电子签章所对应的系统软件,利用电子签章技术,通过身份认证实现对电子档案的固化,防止电子档案被篡改或保留修改痕迹。

(6)智慧归档。经历上面的流程,系统对拟将归档的电子文件在线实现"随办随归档"

和"谁办谁归档"的逻辑归档——分类、排序、存储、备份,向档案管理部门或单位办理移交和接收,整个归档工作全部在线完成。不同的电子文件,以方便查考利用为目标,采用不同的逻辑组卷方式,同时,研究建设项目电子文件的归档格式和电子文件元数据管理。

1.4.1.5 研究公路建设项目电子档案智慧归档办法

基于上述的研究成果,在信息化条件下形成网络化的电子文件在线归档,包括工作流程、智慧排查、信息包,最后形成《公路建设项目电子档案智慧归档办法》研究报告。该成果力争在今后凝练、升华为广西壮族自治区地方标准。

1.4.2 研究思路

首先,通过调查区目前公路建设项目常见的业务系统和电子档案管理系统的归档功能和实际归档效果,分析现有归档技术的不足,提出改造、升级公路行业既有业务系统和电子档案管理系统,实现智慧排查、判断电子文件的完整性、真实性、准确性和系统性的方案,为公路建设项目电子文件归档研究提供有力的理论支撑和参考案例。

其次,通过引入 BLAST 和文本相似比对原理,比对公路建设项目电子文件序列,找出序列的相似性,判别序列的差异性,实现智慧排查归档文件的真实性、准确性、完整性和系统性。

最后,将机器学习算法的成功案例引入公路建设项目,研究电子文件智慧归档技术,开发机器学习功能,实现智能归档。

1.5 研究特色与创新点

(1)公路建设项目电子文件在线智慧归档。通过依托试验路验证,实现公路项目电子文件智慧归档,补充现有标准、规范、文件的不足,延伸接收工作,涵盖电子文件的形成-接收-归档和电子档案接收-保管-利用。

(2)制定全流程的电子文件归档办法。查新显示,我国乃至世界还没有针对公路建设项目电子文件智慧归档的报道和文献,通过在这方面开展积极的探索性研究,制定全流程的公路建设项目电子文件归档办法。

(3)嵌入、独立、整合或互联等多种模式实现智慧在线。根据不同的业务系统,选择合适的在线智慧归档模式。

(4)基于机器学习算法,智能丰富增量电子文件,打破文件归档边界,精准档案利用。基于机器学习算法原理,系统应用机器学习算法语言,从不断累计的数据库中智能丰富归档有查考利用价值的电子文件,提供精准的档案利用。

2 电子文件智能归档管理与系统设计原理

电子文件智能归档问题已经引起学术界的关注。作者以"智能归档""智能化归档"为检索词在中国知网平台进行主题检索,检索到相关研究文献共9篇。学术界对于电子文件智能归档的相关研究涉及政务服务智能归档❶、煤炭企业智能归档❷、交通运输元数据智能归档❸等领域。目前,这些研究集中于方法和应用,或是与其他学科相结合,如《基于元数据的电子文件智能化归档方法研究》❹介绍了运用元数据实现业务系统电子文件智能化归档的方法。从检索结果来看,学界还缺乏对电子文件智能归档问题全面、深入的研究成果。

本书提出的电子文件管理发展的5个主要阶段和管理特点,是作者在阅读丁海斌《谈档案信息化革命质变的原因与内涵》❺一文后,引证并归纳而成,明确了电子档案管理系统的5个发展阶段,能有效避免工作中的盲目性和随意性。

2.1 概述

2.1.1 基本概念

人工智能(Artificial Intelligence,AI)是研究、开发用于模拟、延伸和扩展人的智能的理论、方法、技术及其应用系统的一门新的技术学科。1956年,人工智能第一次作为一门学科由 John McCathy 提出,其后的近70年里,人工智能发展迅速,至今仍是高端技术的焦点,甚

---

❶ 上海:浦东新区档案局.探索区块链赋能在线政务服务电子文件智能归档应用[J].陕西档案,2022(3):11.
❷ 李芳,范海斌.煤炭企业大数据智能归档利用体系建设实践[J].浙江档案,2022,495(7):59-62.
❸ 刘欣.基于交通运输元数据的电子文件智能化归档方法研究[J].兰台内外,2022,368(23):13-15.
❹ 李小霞,舒忠梅.基于元数据的电子文件智能化归档方法研究[J].档案,2021,334(9):48-52.
❺ 丁海斌.谈档案信息化革命质变的原因与内涵[J].档案管理,2022(3):5-13.

至被许多国家列入国家发展战略。在国外,智能的概念最早可追溯到17世纪莱布尼兹有关智能的设想。在我国,智能的概念可以追溯到中国古代思想家对智与能的探讨。荀子在《荀子·正名》中探讨了智能的概念,他提出了"所以知之在人者谓之知,知有所合谓之智"❶,即人们进行认识活动的某些心理特点被称为"智"。在古代,"智"与"能"被视为两个相对独立的概念,其中,"智"指进行认识活动的某些心理特点,"能"则指进行实际活动的某些心理特点。随着时间的推移,越来越多的思想家开始将二者结合起来作为一个整体看待。在智能科学与技术产生的半个多世纪里,人们对这一领域问题的关注和认识也越加丰富。智能是一个复杂且多维的概念,涵盖了多个领域,如心理学、生物学、计算机科学、人工智能等。一般来说,智能是指人们获得和运用知识解决实际问题的能力,包括在经验中学习或理解的能力、获得和保持知识的能力、迅速而又成功地对新情境做出反应的能力、运用推理有效地解决问题的能力等。智能涉及感知、记忆、注意和思维等一系列认知过程。❷

近年来,人工智能在各个领域的应用不断深化,人工智能技术与档案领域深度融合,尤其在电子文件和电子档案管理应用方面不断拓宽。人工智能技术由最初应用于电子文件的智能检索,逐步扩展到档案的开放审查、电子文件的整理、智能归档。然而,对智能归档的理论研究远远落后于人工智能技术在电子文件管理领域的应用实践。就目前而言,不论是档案学术界还是科技领域鲜有学者对智能归档进行定义。理论研究的深度不够必然会影响实践活动的开展。因此,研究电子文件的智能归档,有必要先探讨其定义。本书在梳理现有智能归档定义的典型认识的基础上,提取关于智能归档的共性认识,并在此基础上,提出智能归档的构成要素。

尽管目前档案学术界尚缺乏对智能归档统一的界定,但已有部分学者对智能归档有了界定的方向。本章整理归纳现有的关于智能归档的代表性定义,具体如下:

(1)周枫等❸指出,智能归档是基于模式识别、机器学习、自然语言处理等技术,能够实现归档范围内电子文件的自动归档,并抓取相关元数据信息,同时还可结合库藏抓取网络上的各类文档,构成多元、立体的馆藏体系。

(2)王烁等❹从技术的角度解析智能归档,认为档案机构智能归档与管理的实现与档案数据的智能识别、处理及利用密切关联。基于人工智能技术的智能归档与管理模型系统平台架构可以分为5个层次,分别是平台层、感知层、AI+IOT(人工智能+物联网)层、应用系统层和应用场景层。

(3)张文和叶建森❺通过PHP框架的搭建、phpMyAdmin服务器的选择,完成舰船物联网环境的搭建。通过CloudUB索引的建立、自适应节点的发布、归档原模的选取3个步骤,提出建立新型CloudUB舰船海量多维数据智能归档方法。

(4)聂莹❻提出采用成熟的文本智能处理技术,对归档文件内容进行智能文本分析后,

---

❶ (战国)荀况著,郭美星译注.荀子[M].南昌:二十一世纪出版社,2015.
❷ 毛航天.人工智能中智能概念的发展研究[D].武汉:华东师范大学,2016.
❸ 周枫,吕东伟.基于"智能+"档案管理初探[J].北京档案,2019(9):39-41.
❹ 王烁,穆佳桐,于鲲.基于人工智能技术的智能归档与管理模型系统平台构建研究[J].兰台世界,2022(8):55-58.
❺ 张文,叶建森.舰船海量多维数据智能归档方法研究[J].舰船科学技术,2018,40(18):160-162.
❻ 聂莹.智能技术在电子档案管理中的应用与实践[J].兰台世界,2023(4):96-98.

自动确定归档文件的分类和保管期限。

(5) 康勇和袁敬❶探索了多智能体技术在政务服务电子文件管理的应用,提出了利用"多智能体"技术开展系统对接,可根据前端业务系统的数据特征,制定相应捕获规则。"智能体"依照捕获规则自动规划捕获方案,动态编排和调度捕获行为,并开展归档数据格式转换等任务。

(6) 李小霞和舒忠梅❷认为"智能化归档"意味着一个组织在各个业务系统中形成的电子文件,其中有保存价值的将自动归集到电子档案管理系统并且被自动赋予利用权限,组织中的个体可登录电子档案管理系统,自主利用权限范围内的档案。

尽管尚缺乏对智能归档的准确和统一定义,但已有关于智能归档概念的部分界定。从上述学者对智能归档的定义来看,大部分学者基于技术的角度,以机器学习、文本智能处理技术、自然语言处理技术等技术层面对智能归档概念进行界定。通过分析归纳上述关于智能归档概念的现有理解,可总结提出关于智能归档概念的一些共性认识,这可为提出智能归档的定义提供基本的逻辑思路和依据。因此,定义智能归档应该从智能与归档两个基本构件加以界定,智能是智能归档的逻辑起点,归档是智能归档的基本指向。智能归档应该是指将人工智能技术运用到文件归档的过程中去,赋予业务系统智能化的归档功能。主要表现为对电子文件进行自动的动态智能排查、分类、比对、整理排序、形成元数据并归档,整个归档工作全部在线智能化完成,并通过机器学习技术逐步提升智能化水平。

2.1.2 电子文件归档方式发展演进的五个阶段

随着社会信息化和电子档案管理的发展,电子文件归档模式也在不断地发展演变,同步于电子档案管理的发展变化,总体上呈现越来越现代化、智能化的特点。

在经过了数十年信息化发展过程后,档案信息化正在发生全面转型的质变,而档案信息化质变过程中表现出来的全部特点,最终都体现到电子文件与电子档案管理系统中。根据计算机档案管理系统演进情况以及今后发展情况,按管理理念(ID)将其划分为以下五个阶段:辅助阶段→双轨阶段(传统再造阶段)→单轨阶段→一体化阶段(业务系统与档案系统一体化)→智能阶段❸,与其相对应的归档模式的演变依次为:计算机辅助管理模式→双套制模式→单套制模式→一体化模式→信息化智能归档模式。

第一阶段:计算机辅助管理模式。

在 20 世纪 80 年代初,我国的计算机软硬件技术还处于初级阶段,此时的档案信息化管理强调的是运用计算机技术改善和辅助档案管理。这一阶段,档案信息化,通常被称为"档案管理自动化""计算机辅助档案管理"。计算机辅助管理是指立卷人员在计算机特定软件的辅助下,通过运行程序软件对档案文件材料进行分类、组卷、归档和编目的管理、利用档案的过程。❹ 在 2000 年前后,通过计算机辅助管理可以创建目录并进行检索。此时电子文件

---

❶ 康勇,袁敬."多智能体"技术在政务服务"一网通办"电子文件归档管理中的应用[J].中国档案,2023(4):64.
❷ 李小霞,舒忠梅.基于元数据的电子文件智能化归档方法研究[J].档案,2021(9):48-52.
❸ 丁海斌.谈档案信息化革命质变的原因与内涵[J].档案管理,2022(3):5-13.
❹ 丁栋轩,刘海平.文书档案管理基础[M].北京:科学普及出版社,2007:90.

尚未出现,归档模式停留在传统档案管理模式,纸质的文件和零次文献在很长一段时间内都是归档工作基本的甚至全部的归档对象,其归档的方式方法停留在传统时代,其相关归档范围(相对较窄)、移交方式(纸质的物理移交)、归档制度、鉴定方法等都是专门针对纸质档案而制定和设置的。

在这种模式下,计算机虽然也参与了档案管理,但由于文档本身是纸质的,计算机系统并没有参与到文件归档的过程中,只是在归档后利用计算机生成目录和建设。随着信息技术的发展,这种方式早已不再适用于现代的电子档案管理。

第二阶段:双套制模式。

2000年12月全国档案工作会议通过了《全国档案事业发展"十五"计划》,该计划将电子文件归档作为信息化建设的关键任务。2002年,《全国档案信息化建设实施纲要》进一步提出在有条件的单位实施电子文件归档试点工作,并要求归档电子文件真实、完整和有效。2003年,《电子公文归档管理暂行办法》提出"电子公文形成单位必须将具有永久和长期保存价值的电子公文,制成纸质公文与原电子公文的存储载体一同归档,并使两者建立互联"。这意味着电子文件的双套制管理以部门规章的形式被正式提出。❶ 双套制是纸质档案管理与电子档案管理并存的阶段,归档模式进入第二阶段——双套制模式。在此阶段里,现代社会的发展需要更先进的档案管理方式,而传统的档案管理模式已经无法满足这些需求。因此,必须进行计算机和网络技术方面的变革。这个阶段主要是将传统的档案系统转移到计算机系统中,以提高效率和便利性,也就是传统档案管理模式下计算机系统再造阶段,是传统档案向电子档案过渡的阶段。这时管理系统把纸质文件逐一拷贝进电子档案管理系统,系统中会出现不适用于电子档案管理的传统要素(如案卷等)。所以,需要对纸质文件进行重新整理与规范。这一阶段由于纸质文件凭证占据主体地位,归档单位为适应信息化社会对归档工作的要求,即使对纸质文件进行数字化工作,但最后的结果仍然是纸质文件与电子文件同时归档。这种归档方式浪费了资源、增加了人员的工作量,使工作变得更为繁杂,电子文件的管理水平一般也比较低,违背了现代化理念中提高利用与服务思想的初衷。

第三阶段:单套制模式。

随着现代信息技术的快速发展,电子文件数量越来越多,传统的纸质档案管理模式已经无法适应电子文件的管理要求。由于电子文件的特殊性,其在保存过程中存在安全问题,如数据丢失、篡改等,此外,传统的"双套制"管理模式需要同时保存纸质档案和电子档案,造成资源上的浪费。因此,为了更好地适应信息化社会的发展,档案管理工作需要进行管理模式改革,电子文件单套制管理模式应运而生。

单套制模式步入了真正意义上的数字化档案管理模式,电子档案管理系统已经步入一个更高层次,技术上已经比较成熟了,应用已经相当普遍。其归档方式分为逻辑归档(网络系统归档)与物理归档(使用磁盘或光盘的硬拷贝归档),并且逻辑归档方式所占的比重逐步提升。该阶段中,归档的电子文件被高效利用,纸质文件不再具备原来的用途被大量销

---

❶ 郭硕楠,吴建华.中国电子文件归档变迁及其规律初探——基于政策文本和研究文献的双重视角[J].档案学通讯,2023(4):30-38.

毁,节省了空间的同时,也提高了使用效率,加快了信息化的进程。

第四阶段:一体化模式。

"一体化"原义是指以系统理论为基础,将两个以上相对独立又互相作用的元素有机结合起来,组织、协调各个环节运行,形成一个能够完成某一特定功能的系统整体。具体到电子文件与电子档案管理流程,指作为具有内在数据联系、相对独立又相互作用的两个管理系统体系——电子文件与电子档案、档案馆与档案室之间的一体化,即"文档一体化"和"馆室一体化"。❶

此阶段业务系统与档案系统的一体化提升了档案治理和服务效能,对于加强政务信息化建设、推动公共数据开放共享、不断提高数字化政务服务效能具有重要意义。业务系统是在信息化条件下履行主要工作职责、办理核心业务的重要信息平台,业务系统形成和收集的各类数据资源是数字档案资源的重要组成部分。

一体化模式实现业务系统与档案系统的融合,在各系统间建立中间服务器。根据系统间的安全要求,各个中间服务器可以合并,达到数据交换的目的。业务相关的资料因业务量大、结构复杂、利用率高,在管理中会消耗大量的人力物力,建立高效的、数字化的档案管理系统尤其必要。在业务经办生成时,自动搜集档案元素信息形成电子档案无疑是提高档案管理水平的捷径。

第五阶段:信息化智能归档模式。

我国档案信息化研究正沿着"数字化-数据化-智能化"向档案数智化方向不断升级,实践与理论的交互前行使得以数字技术驱动引领档案事业战略转型的路径日益清晰。❷ 智能阶段即新技术全面赋能数字档案管理的阶段,归档模式也随信息化的发展进入了高级阶段。数字赋能是指将大数据、云计算、人工智能、区块链、数字溯源等技术应用到管理系统中,实现管理功能的高阶数字化。这是电子档案管理的最终归宿和本质特征。❸ 而要使档案数据转化为直接生产力这一根本变化,其方法是智能化管理,这是电子档案管理系统生产的最终和持续发展的一种方式。

电子档案管理的智能化管理主要包括归档、接收、整理、日常管理、开发等多个方面的智能化,其起点是归档的智能化,主要是使用人工智能技术实现系统自动归档。

2.1.3　智能归档系统研究的现实需要

2.1.3.1　相关规定对电子文件归档要求的推进

大数据时代,档案数据海量增长,成为档案信息的重要形态。档案工作从传统的纸质管理向数字化、数据化管理转型发展。近年来,我国正加快数据(要素)工作的顶层设计与战略布局。《数字中国建设整体布局规划》提出了数字中国建设的总体布局。《"数据要素×"三年行动计划(2024—2026年)》提出,支撑城市发展科学决策,支持利用城市时空基础、资

---

❶ 福建省档案局,省档案馆项目组.三包两结构一体化"电子文件与电子档案规范管理模式实践[J].中国档案,2022(7):63-65.

❷ 章燕华.以数智化驱动引领档案事业现代化的发展进程与实施路径[J].档案学通讯,2023(6):4-13.

❸ 丁海斌.谈档案信息化革命质变的原因与内涵[J].档案管理,2022(3):5-13.

源调查、规划管控、工程建设项目、物联网感知等数据,助力城市规划、建设、管理、服务等策略精细化、智能化。《中华人民共和国档案法》明确规定要加强档案信息化建设,并要求建设档案信息资源共享平台,确保电子档案的安全保存和有效利用。《"十四五"全国档案事业发展规划》明确强调,强化各领域电子文件归档工作,着力推进在业务流程中嵌入电子文件归档要求,在业务系统中同步规划、同步实施电子文件归档功能,保障电子文件归档工作广泛开展,切实推动来源可靠、程序规范、要素合规的电子文件以电子形式单套制归档。2023年,国务院颁布了《政务服务电子文件归档和电子档案管理办法》,这是国家关于加强数字政府建设,深化政务服务的决策部署,推动了各行业各领域政务服务电子文件从形成办理到归档管理全流程电子化管理。面对大数据和数据管理的强势崛起,要以一种新的战略性思维和变革,把文件档案管理融入各机构乃至全社会数据管理的大框架中,❶所以必须构建数智时代电子文件管理模式,实现电子文件智能归档,为电子文件的管理奠定基础。而实现增量电子文件智能归档,最便捷的途径就是将机器学习算法用于业务系统或电子档案管理系统中。

2.1.3.2 交通运输事业发展的需要

在全球新一轮科技革命和产业变革的助推下,数字经济、人工智能等新技术、新业态已经成为促进经济社会发展的新动能。交通运输行业也积极推进人工智能、物联网、大数据等新一代信息技术与交通运输深度融合发展。近些年来,为促进交通运输行业的数字化转型,交通运输部印发了一系列规划文件,如《"十四五"交通领域科技创新规划》《数字交通"十四五"发展规划》《交通运输领域新型基础设施建设行动方案(2021—2025年)》《关于推进公路数字化转型加快智慧公路建设发展的意见》等,明确了交通运输数字化转型、智能化升级、融合化发展的发展目标和实施路径,提出运用现代数字技术赋能公路交通,提升感知、分析、决策支持能力,实现人、车、路、环境深度融合以及全业务流程数字化,打造综合交通运输"数据大脑"。至此,全国各地综合交通运输信息平台建设全面铺开,各级综合交通运输信息平台实现互联互通。

此外,制定了有关信息化的系列规范标准,如《交通运输信息化标准体系(2019年)》和《国家车联网产业标准体系建设指南(智能交通相关)》,明确提出了智慧交通标准体系框架。此外,还组织研制了智慧公路、智慧港口、智慧航道等技术规范,开展公路工程标准规范数字化专项行动,并出台了公路工程BIM应用标准和桥梁结构健康监测等标准,明确了公路工程BIM技术基础标准,确定公路设施模型架构、模型编码、数据格式等问题,规范信息模型在公路工程全生命周期应用的技术要求,加快推动智慧交通建设发展,提升公路智能化管理水平。

综上所述,不难看出,从顶层设计到落地实施,交通运输部有关数字交通的政策旨在推动交通运输的数字化转型和智能化升级,这必然也促使公路建设项目档案工作的数字化、智能化转型。随着我国交通运输事业的不断发展,积累了丰富的经验和技术,公路行业正在努力构建一个智能化的电子文件归档管理系统,以提升服务水平和效率。在智能归档系统中

---

❶ 冯惠玲.融入数据管理做电子文件管理追风人[J].北京档案,2020(12):6-7.

内置智慧归档模块,建立电子文件信息数据库,实现量化与动态管理,从而实现电子文件智能归档。

2.2 智能归档所需的管理条件和要求

根据相关理论基础,同时结合公路项目的实际需要,本节归纳梳理了电子文件归档范围应遵循的原则以及主要介绍智能排查与电子文件智能归档所需的相关技术。

2.2.1 电子文件智能归档的基本条件

电子文件智能归档需要两个方面的基本条件:管理条件和技术条件。管理条件是技术应用的前提。管理条件主要包括两个部分:业务系统的衔接与内置清单的编制。

2.2.1.1 建立业务系统归档模式

归档文件是由业务工作产生,业务系统需要设计相应的归档模块和归档制度。它们是整个文件归档工作的前提,也是智能归档实现的前提。统计显示,公路建设期使用10~15个独立的业务系统,目前,这些系统多数不具备档案归档功能。本书对依托项目的业务系统进行升级改造,根据不同的业务系统,选择合适的嵌入、独立、整合或互联等模式,所形成的电子文件在业务系统中按照相关标准自动归档。在集成平台中,业务系统形成的电子文件导入档案管理系统,实现智能接收。通过公路电子档案管理平台,集成各业务板块积累的电子文件,实现各业务系统所产生的电子文件"形成-流转-归档"一体化,同步完成项目档案的"移交-保管-利用",电子档案管理系统的建立能快速完成立卷、归档、检索、利用等环节,减轻档案工作人员的劳动强度,提高管理效率。

2.2.1.2 编制"三合一"制度表

归档管理的核心内容就是对电子文件归档范围的确定,同时也是归档制度中必不可少的一部分。不同的公司和单位对文件的归档范围有着不同的规定,有关人员将相关文件资料进行整理归档,只有在明确了文件的归档范围后才能进行。

《"十四五"全国档案事业发展规划》中提出:"加强机关、团体、企业事业单位各门类档案集中统一管理。全面推行档案分类方案、文件材料归档范围、档案保管期限表三合一制度,规范建档工作,提高归档文件质量。"制定公路建设项目档案分类方案、公路建设项目文件材料归档规范和公路建设项目档案保管期限表三合一制度,实现系统在归档环节的"三合一"智能归档,在一体化系统建设过程中嵌入"三合一"制度,使系统能够自动查找并识别文件归档范围、档案门类及保管期限,实现智慧归档。

为了立档单位在收集整理档案时明确分类方案、归档范围和保管期限,按照中华人民共和国国家档案局《机关档案管理规定》进一步规范建档工作,制定档案分类方案、文件材料归档范围、档案保管期限表(简称"三合一"制度表,见表2-1)。明确机关档案门类、各门类档案分类方法和档号编制要求。"三合一"制度是规范和指导档案形成与收集、整理与归档、鉴定与销毁等工作的一项基本档案工作制度。

"三合一"制度样表（以某高校为例）　　　　　　　　　表2-1

分类方案		归档范围	保管期限
门类	类别		
一、党群类 DQL		（1）上级党组织颁发的属本校党务主要工作要贯彻执行的重要决议、决定、条例、办法、批复、通知	永久
		（2）上级机关关于本校党团、工会干部的任免文件材料	永久
		（3）本校党、团、工会工作及党员、团员、工会会员获区级以下奖励或受警告处分的通知、通报、请示、批复、决定	30年
		……	
二、教学文件材料 JX		（1）本校教师课表、教师听课记录	10年
		（2）本校针对教学工作形成的文件材料	永久
		（3）本校教学计划、教学进度安排	30年
		（4）本校评课记录、学生评教一览表	30年
		……	
三、科技文件材料 K	基建类 kj	（1）本校关于基建工程的请示、批复等综合性文件材料	永久
		（2）本校基建工程的预算、决算报告	永久
		（3）本校基建工程技术管理资料	永久
		（4）本校基建工程质量保证材料	永久
	仪器设备 Ks	（1）本校教学购置的各种仪器设备的说明书、图纸、合格证、安装调试的报告、维修记录及随机工具等	30年
		（2）本校办公购置的设备说明书、图纸、合格证、安装调试的报告、维修记录及随机工具等	30年
四、会计文件材料 C	凭证 Cp	（1）本校原始凭证、记账凭证、汇总凭证	30年
	报表 Cb	（1）本校财务年度报表、预算与决算报表	永久
		（2）本校月度、季度财务报表	10年
	账簿 Cz	（1）本校总账、明细账、往来账	30年
		（2）本校银行账、现金账（现金出纳账）等	30年
……	……	……	……

分类方案是核心的内容，说明分类方法、分类标识和档案的编号；归档范围目的在于明确哪些档案应该归档，哪些档案不用归档；保管期限则是准确说明档案的保存时间。

2.2.2 电子文件智能归档的相关原则与要求

2.2.2.1 完整性原则

电子文件智能归档完整性原则是指项目文件归档时，纳入归档范围的项目文件要客观、直接地反映整个项目活动，使项目的前期和后期工作结合起来，形成一个整体，让项目的每个阶段都一目了然。同时，归档需要结合实情，根据现实的变化和原有归档范围来调整和增减归档内容。

项目(如工程项目、科技项目等)类文件的完整性具体表现为成套性。即一个项目的文件是一套完整的文件,这套文件能够完整地再现这个项目的全貌,并且项目文件的组成结构与项目实体结构相一致。这种具有成套性的文件可以以虚拟的方式再现建筑工程的全貌,即在虚拟空间中立体地呈现对象事物。

一份文件的完整性是指文件齐全且未加改动。"文件形成之后可对文件进行哪些添加或注释,在何种条件下可授权添加或注释,及授权由谁来负责添加或注释。任何授权的对文件的注释、增或删都应明确标明并可跟踪"❶。检查成套性文件的数量与秩序是否完整、符合要求。

相关工作职责主要包括:总量检测、归档范围或项目文件组成规范与实际归档文件比较检测、内容及文件要素完整性检测、附件检测、元数据完整性检测、信息包整体检测。

2.2.2.2 系统性原则

系统性原则是指以系统整体目标的优化为准绳,由协调系统中各部分系统相互联系、相互作用、相互依赖的要素结合而成,各个部门是一个有机整体,但是又有其各自独特的功能。

系统性侧重点在于考察总目录、卷内目录、全引目录及索引结果作用情况。主要表现为档案各级类目设置清楚,能反映工程特征和工程实况;档案组卷规范、合理,符合国家或行业标准要求,遵循文件材料形成规律,卷内文件排列有序;档案目录符合要求;案卷题名简明、准确;案卷封面、卷内文件目录及备考表及案卷目录填写翔实、规范。

2.2.2.3 真实性、原始性原则

有关电子文件真实性的定义为"文档在背景、结构和内容方面的原始特性的长期持久性,即意味着文档是它所声称的那样"❷。真实性是指维持其背景、结构和内容等原始特性的长期持久性。

为保证文件真实性,在归档时应按照文档管理的方针和程序。在归档时,归档账户需要经过授权和确认,系统通过预设的文件真实性判断条件与管理制度,对各类电子文件的生成条件进行比对,以验证其真实性。针对不同类型的电子文件,系统内置了相应的真实性判断标准。这些标准旨在检查电子文件的来源是否可靠,并鉴定文件内容在传输、存储、迁移过程中是否遭受了未经授权的篡改、利用或隐藏,从而确保文件的原始性。具体而言,系统会对系统原生文本型电子文件所记录的各类数据信息、从常用业务系统导入的信息、PDF 或 OFD 格式的电子文件信息、声像文件信息,以及电子签章的安全性和可靠性进行全面比对和验证。通过这一过程,系统能够准确判断电子文件的真实性,确保文件内容的完整与未被篡改。

技术与制度方面的保证主要包括:来源检测、元数据准确性一致性检测、内容检测、归档信息包整体检测等。

---

❶ 归吉官,吴建华. 从"一切文献都具有原始记录性说"谈起——直击档案学基础理论[J]. 档案学研究,2015(4):24-28.

❷ WETTENGEL M,MILLER M,BUTIKOFER N,et al. ICA Study 16 – Electronic Records[R].[S.L.;s.n.]2005;12.

2.2.2.4 可用性原则

对于电子文件来说,文件的可用性主要有四层含义:一是对管理系统文档库中的文件进行查找时,仅知道简单的信息的情况下能够找到所需要的文件,在寻找过程中简便快捷;二是能够满足不同硬件的检测;三是查找或检索出的文件具有可读性与可访问性;四是检索出的文件对于系统能兼容,信息能被理解,不会出现乱码或打不开的情况。

确保拟归档文件的可用性,需以便于管理、查考利用为目标,需要考虑的相关问题主要包括:文件及元数据的可读性与可访问性、软硬件环境可用性检测、数据格式合规性检测、信息包整体可用性检测等。

2.2.2.5 安全性原则

对电子档案进行信息化管理虽然比起传统的管理方式具有很多的优点,但是对于归档文件的安全性也面临着很多挑战。电子文件存储与运行在相关的设备和网络中,使得电子文件在管理过程中存在着一定的风险。比如:在电子文件归档过程中,电子文件的存储和传递可能会出现被病毒入侵、受到黑客攻击的情况,导致重要的信息被泄露或者丢失,有可能还会出现信息被篡改、窃取的情况。这些由于安全原因导致的问题会使电子文件产生单位遭受巨大的损失。

为确保拟归档文件的安全性,设立安全性评价模块,该模块是确保电子档案安全存储与安全运行的先决条件。安全性评价包括但不限于以下内容:系统归档安全性认证检查;服务器的安全评估;防病毒的安全评估,并在该模块增加病毒检测功能;防攻击能力的评估;硬件设备保管、保护设施的安全性评估等。

2.2.2.6 分清来源、避免重复的原则

在档案管理中,来源原则是核心原则,主要关注项目所归档的文件是在何种业务活动中,由什么业务部门负责,在什么情况下产生的。

企业文件按其来源可分为两种:一种是自己内部长年积累所形成的文件,另一种是从外部来的文件。传统的归档方式,是将自己内部文件和外部公司的文件放在一起进行归档,方便之后的查找使用。然而,在若干年之后,当把这些文件交给档案馆时,就会出现相同内容的文件重复出现的现象,这会导致工作人员的重复劳动,从而浪费人力资源、物力资源。这样的问题,即使是在一个以电子文档为主导的时代,也依然存在。例如,一些公司在同一个网络平台上,或者在同一个服务器上,重复地储存着同样的电子文件,便不能分辨出正本究竟是哪一份。

为了解决这一难题,其基本思想就是管理和分类文件时,应当确保不混淆来源不同的文件,并尊重原有的次序,并且使文件之间有机地联系起来。根据电子文档的生成部门采取由谁生成,便由谁归档的方法,保证文档的正确性及完整性。

2.2.2.7 基于电子文件管理特性的原则

电子文件具有很多传统纸质文件所没有的特点,从电子文件管理的角度来看,电子文件所具备的特点对确定电子文件归档范围有很大的影响。

如电子文件的设备依赖性,要求归档过程中需要计算机硬件、操作系统和软件等相关设

备的完善。一方面,电子文件的传输、存储的过程均以数字编码的形式存在,对电子文件的管理活动依赖于计算机对数字编码的解读,人工是无法破译的,因此设备的完善是必须要考虑的。另一方面,需要兼容的系统和软件来保证电子文件的可读性,对计算机硬件的所需标准、操作系统的操作方法和软件的相关背景数据等都加以归档保存。

电子文件具有与载体的相分离性,因此要求电子文件管理应有别于传统纸质档案,还应考虑整个归档环节有专人监督和控制、归档流程的登记和记录、文件著录工作在完成后的专门校对等。管理特性的改变使得电子文件在归档过程中要把"管理环节中所产生的记录和结果(例如保存时间期限、活动的记录等)连同文件资料一并列入归档的范围"❶。

2.2.3　确立归档范围的基本依据

一般而言,确立归档范围的基本依据包括两个方面:一是国家档案主管部门和本行业主管部门颁布的相关规范等;二是结合本单位业务工作的具体情况,加以补充、完善。

《电子文件归档与电子档案管理规范》(GB/T 18894—2016)确定了电子文件的归档范围,并参考国家档案局关于机关文件材料归档和不归档的范围的规定,根据电子文件本身的特征,对能够反映该机构工作活动的,具有重要参考意义的,应当对其进行归档处理,以便对其进行有效的管理与分析。

电子文档的归档范围和传统纸质文件不完全一样,但是却远大于传统纸质文件。电子文件的归档范围应包括一个公司或一个机构的所有重要的文件,所以,要以实际情况为依据,确定有价值、有意义的文件。在信息化时代,一般而言,凡是在业务系统中正式形成的文件及其他原始记录(零次文献),皆应列入归档范围。归档范围要形成正式的文本,以便于机器进行自动比对。

2.3　电子文件智能归档系统的设计实现与新旧系统比较

档案管理智能化是当前档案管理数字化转型的重要内涵。档案智能化管理包括归档、验收、整理、日常管理、利用与开发等各个方面的智能化。其中,归档智能化是起点和重要组成部分。因此,研究电子文件智能化归档具有重要的学术价值和实践意义。基于电子文件智能化归档的重要意义,本节以广西高速公路建设项目电子文件归档作为实践对象,开展了公路建设项目电子文件智能化归档研究。

2.3.1　智能归档系统的设计与实现

档案信息化、智能化管理需要以软硬件系统作为落地的工具。本部分以高速公路建设项目档案管理系统为例,主要介绍了智能归档系统的设计与实现。

2.3.1.1　智能归档系统总体框架概述

1)总体流程

电子文件智能归档和机器学习智能扩充归档范围的总体流程框图如图2-1所示。

---

❶ 李传军.电子政务[M].上海:复旦大学出版社,2011:235.

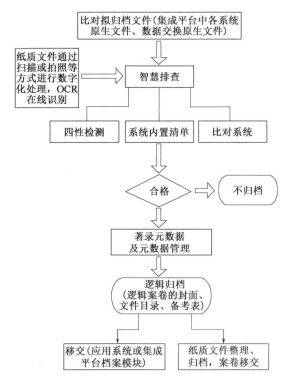

图 2-1 电子文件智能归档和机器学习智能扩充归档范围的总体流程框图

电子文件智能归档系统主要是通过对拟归档文件进行智能排查(包括四性检测、系统内置清单、比对系统),根据标准筛选出需要归档的文件进行逻辑归档,并将归档后的文件移交到应用系统或集成平台的过程。档案模块按归档范围,建立电子档案验收的详细文件目录标准要求,在进行电子文件整理归集时,关联相关对应目录。辅助系统建立分析规则,案卷管理组卷前,自动分析出电子档案文件缺漏项,给出分析报告。

2)主要功能

智能归档的主要功能是基于 BLAST 和文本相似度算法智能比对、排查拟归档文件。

(1)基本要求。

《中华人民共和国档案法》已明确提出,电子档案与传统载体档案具有同等效力,可以以电子形式作为凭证使用。即电子档案具有与传统档案同等效力,同样可以作为使用凭证。同时要求,电子档案应当来源可靠、程序规范、要素合规,这些要求可以理解为电子档案的真实性、可靠性、完整性及可用性("四性")的保障。关于电子档案的归档时间,不同单位有不同的要求。

对于项目文件归档进行智能排查需要考虑对建设项目电子文件进行序列比较,找出序列的相似性,判别序列的差异性,从而确保智能排查归档文件分类排列的科学性和文件本身的真实性、准确性。根据文本、图像相似度算法,系统比对和排查拟归档文件的完整性和系统性。

(2)制定智能排查的规则。

系统预置文件目录,以项目建设期的各类业务系统集成平台为依托,将项目文件收集范围精确细化到每一份具体文件,并直接嵌入系统中。此外,系统还预设了多种比对条件,用于对拟归档的电子文件进行自动审查。这一自动化流程能够全面判断建设期间收集并归档的电子文件是否具备完整性、真实性、准确性及系统性。系统不仅能自动验证文件签署的真实性,还能精准识别影像文件的真伪,从而确保所有电子文件的质量与合规性。

制定项目档案完整性的相关标准,主要包括对前期管理文件的完整性、设计文件的完整性、施工技术文件的完整性、监理文件的完整性、设备文件的完整性、声像文件的完整性、竣工验收文件的完整性进行评价。

建立与项目档案准确性有关的标准,这些标准主要包括对归档文件材料内容的准确性、竣工图编制质量是否符合要求、声像文件质量是否符合要求进行评价。比对文件归档规范,鉴定文件的准确性。

制定项目档案系统性的相关标准,主要包括:能不能体现工程特征与实况;组卷标准及合理性,能否达到国家或行业标准的要求,能否按照文件材料的形成规律、成套性要求进行组卷,卷内文件排列是否有序、科学;档案目录能否达到要求;案卷题名简洁明了,准确无误;案卷封面,卷内文件目录和备考表以及案卷目录的填写是否详细属实,标准是否翔实、规范。

(3)系统内置清单。

以公路建设期各种业务系统的集成平台为基础,根据实际情况以"以我为主"的档案思想编制"三合一"制度表,明确档案分类方案、归档范围、保管期限等。

(4)基于机器学习的归档范围外的增量电子文件智能归档。

并不是所有归档文件都是预定的,会出现一些增量电子文件。对于这些增量电子文件,一方面根据增量电子文件的具体情况,继续完善"三合一"制度表,另一方面基于机器学习等技术进行归档范围外的增量电子文件智能归档。

基于机器学习算法、图片 EXIF 信息盲取技术,对新增的电子文件进行智能判断,充实和扩充电子文件归档边界。根据数据库的增量数据,不断修正项目文件收集、归档方法与范围,提升归档智能水平。对超越系统内置范围的电子文件,系统从首个电子文件开始,到逐渐新增的、重复的或类似的电子文件进行"学习",实现智能判断,逐渐扩大归档范围,实现电子文件"应收尽收"智能归档。

2.3.1.2 智能归档系统所使用的主要技术方法

从技术角度来说,为确保归档文件的真实性、准确性、完整性和系统性,利用智慧排查比对拟归档文件,进行四性检测、自动归档,需要 BLAST(Basic Local Alignment Search Tool)和文本相似度算法相关技术来为实现电子文件智能归档提供保障;对于智能归档辅助系统的实现,需要基于机器学习算法对归档范围外的增量电子文件进行归档,在完成辅助软件系统的建设后,就可以实现识别、分类整理、入库和归档的全自动化操作。应用到的具体技术主要包括:

1)基于 BLAST 和文本相似度算法

BLAST 即基于局部序列比对算法的搜索工具。原是由美国国家生物技术信息中心开发和管理的一套生物大分子一级结构序列比对程序。该系统可将输入的核酸碱基或蛋白质氨基酸序列与数据库中已知的来源序列进行比对,输出序列之间的同源性信息,从而辅助判断输入的序列来源或与已知序列的进化关系。该系统的功能可以扩展到其他各信息管理领域，其网络版可将输入序列与庞大的已知来源序列信息库进行比对，用来确定未知序列的来源，以及寻找不同物种中的同源基因；智能归档系统主要是本地版的 BLAST 系统，它是将输入序列与本地自行构建的序列信息库进行比对，比对的针对性更强，用于在未发表基因组数据库中寻找同源基因信息，不依赖于网络，安全性和可靠性更高。

相似度算法就是使用计算机系统比较对象间的相似度，常见的相似度计算应用包括数据分析中的相关分析、数据挖掘中的分类聚类算法、机器翻译、文档检测、搜索引擎的对象推荐等，是信息检索、数据挖掘等的一个基础性计算方法。现有的相似度计算方法多数是基于向量的，即计算两个向量之间的距离，距离越近越相似，包括欧氏距离、余弦相似度、编辑距离、杰卡德相似度等算法。用于档案数据保真的哈希值算法就是相似度算法的一种。相似度算法应用于归档主要是文本内容相似度计算。但文本不仅仅是文字，除文字的匹配外，还可以是图片、音频等。

2) 基于机器学习算法

"机器学习"在 1959 年由 IBM 公司（国际商业机器公司）的计算机科学专家亚瑟·塞缪尔（Arthur Samuel）提出，赋予它的定义是，可以提供计算机能力而无须显示编程的研究领域❶。学习是系统所做的适应性变化，使得系统在下一次完成同样或类似的任务时更为有效。

当有了上述智能比对功能后，我们需要通过机器学习来不断改善该功能，即通过经验自动改进与提升计算机算法的能力。在智能归档工作中引入机器学习工具，可以充分利用机器学习的优势，根据不断积累的信息和陆续归档机器记忆，系统对有查考利用价值的文件进行反复判定归档、监督学习、精准利用。从复杂、多维的数据中掌握拟归档文件的内在本质特征，构建归档模型，提升对原有范围内电子文件智能归档的准确率，实现对增量电子文件归档的自动识别能力。

完成归档工作后，后续相同的归档工作，经过机器学习的自我完善和改进后，会更便捷、更完整、更高效地完成。

通过机器学习算法，我们还可以智能化地丰富增量电子文件的范围，打破文件归档边界，精准档案利用。基于机器学习算法原理，系统应用机器学习算法语言，从不断累计的数据库中智能丰富归档有查考利用价值的电子文件，提供精准的档案利用。

机器学习是人工智能的核心，是使计算机具有智能功能的根本途径。机器学习专门研究如何让计算机具有类人化的学习行为，希望机器能够自我获取新的知识或技能，自我重新组织、完善已有的知识结构，不断提升自身的性能。它的应用已遍及人工智能的各个分支，如专家系统、自然语言理解模式、自动推理、识别计算机视觉等领域，其中以专家系统最为典型。

机器学习算法分为两大类：监督式学习（supervised learning）和非监督式学习

---

❶ SAMUEL A. Some studies in machine learning using the game of checkers[J]. IBM Journal Of Research and Development, 1959,3(3):210-229.

(unsupervised learning)。智能归档系统首先使用的是监督式学习,即通过嵌入"三合一表"等已知答案,让计算机反向找出解题的逻辑。非监督学习则是智能归档系统进化到较高级阶段的机器学习形式,即:机器在没有类别信息的情况下,通过在归档过程中大量的增量文件样本的数据分析,实现对增量文件样本进行自动分类的一种数据处理方法。

3)数据交换技术

构建了一个集成试验、计量、办公自动化(OA)、征地拆迁等多种业务系统的平台,并在此基础上设立数据交换中心。运用了机器学习算法,使系统能够智能地调整并跨越电子文件的归档界限,实现对档案资源的高效、精确利用。

4)应用防篡改技术

防篡改防护技术是一种重要的网络安全技术,旨在保护数据和系统免受未经授权的修改或篡改。通过加密技术、电子签章技术、数字签名技术、身份验证与权限控制等固化措施,确保电子档案的真实性和完整性。

5)计算机视觉判断声像文件技术

计算机视觉(computer vision)的主要任务是利用相机或计算机获取图片,采用对图片进行处理和解析数字图像的方法,从现实世界中提取高维数据,并将图片转化为数据的过程。对于归档范围外的增量电子文件的智能归档,就是基于图片EXIF信息的盲取技术,系统根据图像辨识物体、场景和活动的真实性和隐含的信息,自动著录部分元数据和人工校验、补充元数据,对电子文件进行智能分类。

6)语音识别指令判断技术

语音识别技术的运用,可以提升整个系统的智能化水平。用于智能归档的语音识别系统应包含以下几个主要操作:用户注册、文件检测和拟归档文件在线排查。

通过反复的发出语音指令后,系统会根据语音指令,对电子文件进行判断和智能排查,通过排查和判断,对归档范围的扩大提供了可能性。通过建设语音指令系统,提升人机互动质量,提升在线排查检测拟归档文件的内容质量,扩大了归档范围,降低了人工排查的成本。

语音识别系统需要注意的是对间接语音的理解问题,如果说话者说的内容过于口语化,就会出现语音识别系统无法识别的情况。针对这个问题,在技术方面要不断优化语言库系统,减少信息来源的差异;而对于说话者来说,需要尽量简洁地使用专业关键词将想要表达的内容说出来。

2.3.2 智能归档与一般电子文件归档比较

2.3.2.1 归档途径比较

总体而言,传统文件归档是一种以纸质文件为对象的物理归档,智能化归档则是以电子文件为对象的在线逻辑归档。

在《电子文件归档与电子档案管理规范》(GB/T 18894—2016)中对电子文件归档的解

释为,电子文件的归档,按照鉴定标示进行。电子文件的归档可分两步进行,对实时进行的归档先做逻辑归档,然后定期完成物理归档。对于电子文件的归档,主要是档案管理系统通过计算机网络工具与业务系统实现一体化,电子文件的归档一般分为逻辑归档和物理归档两种形式。其中逻辑归档是指将电子文件的管理权从网络上转移至档案部门,在归档工作中,存储格式和位置暂时保持不变,物理归档又可以进一步分为脱机和联机两种归档模式,即将电子文件卸载到脱机保存的载体上,或者通过网络将电子文件转存到由档案部门控制的计算机设备上。

在当前的网络环境中,通过磁盘阵列来保存电子文件是目前最有效的方法之一,但电子文件载体稳定性较差,容易受到破坏,所以归档方式选择是关键。经过实践证明,采用磁盘的脱机采集数据的介质移交物理归档方式易导致资料丢失。

相比较而言,智能归档采用单一逻辑归档方式,是电子文件归档新模式,智能归档采用了智能化信息管理系统,整个归档过程全部在线完成,实现了单点登录、数据直达,整个过程不需要人工干预,真正实现了"智能化"的归档方式。电子文件,以方便考察利用为目标,采用不同的逻辑组卷方式,同时研究建设项目拟归档文件的归档格式和元数据管理,确保了档案信息的资源共享。

2.3.2.2 归档主体的比较

《电子文件归档与电子档案管理规范》(GB/T 18894—2016)中规定,机关、团体、企业事业单位和其他组织的电子文件,由该组织的业务主管部门或其所属单位负责归档。

一般电子文件的文件归属明晰,其形成于办公系统或办公网站,按照一般电子文件的归档原则:谁形成,谁归档,文件的所有者就是文件的形成者,文件形成者应该负责归档这些文件,是归档主体。

智能归档的主体是人工与人工智能结合,包括以下几种形式:利用人工智能技术,识别归档主体身份,将电子文件识别为可归档的电子文件,并对其进行智能归类、存储、归档;根据已有的电子文件数据,自动生成具有一定价值的档案数据;对非结构化的电子文件进行分类、分析和挖掘,发现档案管理中的问题和规律,自动形成档案管理建议,为档案部门提供决策参考;在接收到归档主体提交的归档申请后,自动完成归档,并将电子文件纳入档案系统统一管理。

在传统档案归档模式下,一系列归档工作是人工进行的,工作效率低且易出错,不能满足数字化档案馆对档案自动化管理的需求。智能归档系统通过对纸质文件、电子文件和声像文件进行智能识别和自动整理,并对不同格式的文件进行自动转换,使纸质文件和声像文件达到自动化管理,从而实现将传统档案管理模式向现代档案管理模式的转变。

2.3.2.3 技术运用的比较

一般电子文件归档与智能归档在技术运用方面,实现了由传统技术利用到自动化的转变。智能归档和一般电子归档的主要区别在于,智能归档利用人工智能和自然语言处理技术对文件进行自动分类和标记,从而实现更快速、更精准的归档和检索。

一般电子文件归档主要是对电子文件的元数据进行管理,建立元数据标准体系,对电子文件的各个环节进行准确记录和描述,为电子文件归档工作提供数据支持;记录和描述电子文件的生成、传输、存储等各个步骤，以便更好地理解和利用它们，同时保证这些信息能够安全有效地传递和共享；对电子文件的存储方式进行记录和描述，同时保证存储环境安全可靠。电子文件归档过程中涉及的文件格式、压缩算法、编码等技术，需要对元数据进行管理。

智能归档则是通过对电子文件生命周期各环节的标准化管理，实现对其全面收集、有效管理、动态维护、安全存储。系统会根据用户设置的标准，对所收集到的电子文件进行智能化的组织、管理，并在归档时，智能判断当前所收集到的电子文件是否符合标准。系统会自动进行档案分类，并根据档案分类标准自动判断当前收集到的电子文件是否符合标准，并在相应的规则下进行归档。智能归档系统会根据所收集到的电子文件形成时间和类型进行智能判断，如果符合归档条件，将会对该电子文件进行智能化组织、管理；如果不符合归档条件，将不会进行归档。智能归档在技术运用方面以传统技术为基础，真正实现了自动化，基于文本、图像相似度算法比对原理，对归档范围进行机器比对、机器学习，对建设项目电子文件进行序列比较，找出序列的相似性，判别序列的差异性，从而智慧排查归档文件的真实性、准确性。

相比之下，一般电子归档主要依靠人工进行分类和标记，需要人工投入大量的时间和精力，难以做到快速、准确的归档和检索。智能归档技术在效率和准确性上都具有很大优势。

3 基于机器学习的智慧归档关键技术研究

3.1 研究的背景、目的、意义及国内外概况

3.1.1 研究背景

新一代人工智能是推动科技跨越发展、产业优化升级、生产力整体跃升的驱动力量。习近平总书记强调,人工智能是引领这一轮科技革命和产业变革的战略性技术,具有溢出带动性很强的"头雁"效应❶。

近年来,我国不断推出人工智能行业政策,推动了整个行业的发展。《"互联网＋"人工智能三年行动实施方案》提出建设满足深度学习智能计算需求的新型计算共享平台,算法与技术开发平台、智能系统安全公共服务平台等基础资源服务平台。《新一代人工智能发展规划》提出重点突破自适应学习、自主学习等理论方法,实现具备可解释性、强泛化能力的人工智能,要加速机器学习方法,形成高效精确自主的量子人工智能系统架构。《关于深化"互联网＋先进制造业"发展工业互联网的指导意见》提出着力提升数据分析算法与工业知识、机理、经验的集成创新水平,形成一批面向不同工业场景的工业数据分析软件与系统以及具有深度学习等人工智能技术的工业智能软件和解决方案。2021年,《中华人民共和国国民经济和社会发展第十四个五年规划》将人工智能列为前沿科技的最高优先级,聚焦人工智能关键算法,壮大人工智能产业,促进人工智能技术发展具体细则落地。

在机器学习技术的不断发展过程中,对档案管理领域也产生了影响。

传统的档案管理需要手动对文件进行分类和索引,费时且容易出错。机器学习可以通过训练模型,自动对档案进行分类和索引,减轻了人工工作的负担,并提高了准确性和效率。

---

❶ 房伟.打造人工智能产业发展引领区先行区[J].群众,2020(6):12-13.

机器学习可以利用自然语言处理和信息检索技术,对档案中的文本内容进行分析和理解,提供更精准和快速的检索和搜索功能。通过机器学习模型的学习和优化,系统可以自动识别文档的关键词、主题、实体等信息,提供更智能化的检索服务。

通过机器学习等技术,对建设项目全过程数据进行实时采集和分析,识别档案进度,实现建设活动与档案管理的同步进行。通过主动采集、主动感知,对档案大数据进行智能分析、档案预测和决策支持。这有助于机构和组织在档案管理中做出更明智的决策,并制定更有效的档案管理策略,推动档案管理从被动接收向向事前谋划、事中管控、事后利用的全过程管控转变。

此外,机器学习可以通过模型的训练和监测,自动识别和纠正档案中的错误和异常。例如,在扫描纸质档案时,机器学习可以检测并纠正图像中的模糊、倾斜等问题,提高档案的质量和可读性。

在公路建设项目档案方面,利用机器学习技术和文本相似度算法比对原理进行档案排查及自动归档,改变传统人工组卷归档效率低、劳动强度大、时间周期长、人力成本大等的不良影响,实现档案的自动化、智能化归档。

总的来说,机器学习在档案管理应用领域可以提供自动化、智能化和高效率的服务,提高档案管理的质量和效果。它不仅减轻了人工工作的负担,还提供了更精准、快速和安全的档案管理解决方案。通过人工智能机器学习算法在公路建设项目档案自动归档的创新应用,改变公路建设项目传统人工归档模式,实现公路建设项目电子文件归档和电子档案管理的标准化、规范化和智能化,在公路建设项目行业具有良好的示范效应。

3.1.2 研究目的

研究机器学习关键技术在公路建设项目档案管理领域的主要目的是:提高效率和准确性,传统的档案管理需要大量的人力和时间进行分类、组卷、归档、索引、检索等工作,容易出现错误和疏漏。而机器学习可以通过训练模型,自动化这些烦琐的任务,提高工作效率和准确性。这将减轻人工工作负担,提高档案管理的效率和质量。

第一,实现档案数字化、智能化创新模式。数字化技术使得档案纸质和音像文件得以转化为数字形式,实现了跨地域、跨组织的高效共享,打破了时间与空间的限制,极大提升了存储、利用效率,并降低了运营成本。结合物联网、大数据与机器学习等人工智能技术,不断提高了档案的检索、分类和分析能力,实现档案管理的智能感知、整体协同、互动互联、智慧管理以及以人为本的可持续创新,不断拓宽档案资源的使用场景与受众,促进档案的利用与创新发展。

第二,推动档案人工智能收集。随着信息技术高度发展,电子文件数量庞大、种类繁多,具有多来源、多模态的特点。建设工程项目档案同样具备纷繁复杂,多源多模态的特点,融合自动采集、智能转录、机器学习分析等人工智能技术,极大提高档案收集的质量和效率,不断推进档案智能化收集的应用和推广,从而降低成本,解放生产力。

第三,档案智慧归档。利用机器学习、文字处理、文本识别比对等人工智能技术,融入电子文件管理全过程,对档案管理的任务和流程进行程序化设置,可以有效实现多源多模态文件的自动整理、智能归档和精准管控,在实现机器自动操作的模式下保证归档电子文件的真实性和完整性,并为后续的智能检索和利用等奠定基础。

第四,促进档案开发利用。在电子文件数量庞大、种类繁多的特征下,研究机器学习技术、文本处理技术和语音处理技术相融合应用于档案管理,既能够研发实现档案资料智能收集、智能归档,又可以研发出更加智能的检索工具,提升海量档案信息的检索效率和开放利用。通过数据挖掘、数据分析,推理计算形成满足用户多元化、个性化利用需求的数据产品,更大程度发挥档案数据价值、知识价值。

研究机器学习在档案管理领域的作用,不仅可以提高效率、准确性和智能化水平,还可以推动档案管理的数字化转型,从档案收集、整理、归档、利用等具体业务着手,为机构和组织提供更优质的档案管理服务。

同时,通过在公路建设项目档案系统中植入相关的档案验收清单、电子文件归档范围、保管期限、密级、分类族谱和公路行业标准,采用安全、可靠的电子签章技术,系统自动判断拟归档文件的完整性、真实性、准确性和系统性。通过机器学习算法和比对算法,对数据库海量数据进行挖掘和分析,并将新收集的数据与历史数据进行自动分类、识别和跟踪,智能扩充电子文件归档范围,自动发现规律和模式,提高档案整理归档效率。为丰富电子文件归档范围和电子档案智慧验收和阶段性验收提供新路径,为起草公路建设期电子档案智慧验收奠定基础。

3.1.3 研究意义

第一,档案信息化工作对广西交通投资集团信息化建设具有重要意义。

近些年来,广西交通投资集团信息化建设取得了丰硕的成果。而档案信息化是全部信息化工作的"最后五公里",只有高质量、全面地完成了档案信息化工作,公路建设部门的信息化工作才能够最终得以高质量、全面地完成。因此,在广西交通投资集团信息化建设取得了丰硕成果的情景下,档案信息化建设工作就成了信息化建设工作中的重中之重。

第二,本课题的研究内容是智慧档案建设的重要组成部分。

档案管理包括"收、管、用"三大部分和七八个工作环节。我们所说的智慧(智能化)档案管理也是围绕着这三大部分展开。归档,是公路建设业务工作的终点和档案工作的起点,也是智慧档案管理的起点,是进行档案信息化、智慧化管理的必由之路。这项课题和此前的"数据集成""立体溯源"等项目一起,构成了公路建设档案智慧管理的重要内容。它的完成,将极大地促进交通投资集团档案信息化、智慧化水平的提升。

第三,国家档案局科技项目的立项使本课题研究具有的全国性意义。

本课题不但在广西交通投资集团具有创新意义,而且在全国交通系统以及档案工作系统都具有一定意义的先进性。而且,前期的研究构想和基本思路也具有科学性和先进性。正因为如此,才能够获得国家档案局科技课题的立项。国家档案局科技项目的立项,证明了本项目具有重要的学术创新价值。从目前来看,本课题的研究对全国智慧档案工作的研究和实践,具有重要的意义。

3.1.4 国内外技术现状和发展趋势

3.1.4.1 国内现状

公路建设项目电子文件归档和电子档案管理是国家层面推行的档案建设要求。《电子文件归档和电子档案管理规范》(GB/T 18894—2016)发布后,国家档案局、国家发改委于2016年11月14日印发了《建设项目电子文件归档和电子档案暂行办法》。从2018年开始,国家密级开展从电子文件归档和电子档案管理试点,2020年6月20日修订通过的《中华人民共和国档案法》提出"电子档案应当来源可靠、程序规范、要素合规""电子档案与传统载体档案具有同等效力"等要求,为电子档案管理提供了原则要求和法律支撑。

1)深圳市中级人民法院电子文件归档和电子档案管理试点

图 3-1 所示为深圳市中级人民法院电子宗卷系统界面。

图 3-1 深圳市中级人民法院电子宗卷系统界面

智能化卷宗服务。基于图像文本 AI 实现诉讼材料智能识别、自动编目、要素提取和精细化命名,提升材料智能处理效率。支持全案由各环节标准文书模板和个性化文书管理,智能匹配模板,并基于事实认定规则自动生成文书说理,为卷宗智能服务提供强力"大脑"。对历史卷宗档案进行要素解构形成卷宗知识库,对高发民商事案由构建审判辅助和裁判依据知识系统。

区块链运行防护。"单套制"工作模式对于电子档案真实性、完整性、可用性和安全性提出了严格的要求,深圳两级法院"单套制电子档案系统"充分利用区块链技术,在全流程电子卷宗材料存证固证、可信互认方面,与"无纸化智能辅助办案系统"紧密衔接,搭建了完整的电子档案运行管理防护机制。

2)云南省税务局税务系统首家电子文件归档和电子档案管理试点单位

图 3-2 所示为云南省税务局电子征管档案管理系统界面。

3 ▶ 基于机器学习的智慧归档关键技术研究

图 3-2　云南省税务局电子征管档案管理系统界面

归档电子文件 1862.19 万个,占比 71.33%,有效解决了原来纸质征管档案缺失、运用效率不高等问题。运用"区块链防篡改特性"、OCR 图像识别、人工智能机器人等前沿先进技术的引入为征管电子档案管理试点工作加力赋能。

3)沿江高速宁攀段档案"单套制"试点

蜀道高速集团自主研发的"数字档案管理系统"(图 3-3),已在沿江高速宁攀段全面投入使用一年半,完成各类工程电子资料近 1000 万份,通过构建工程建设管理各环节、全过程要素的电子文件,打破了原工程建设各业务板块(质量、试验、计量等)多年未解决的技术壁垒,基本实现了工程建设期工程资料"全要素、全周期"数字化管理的目标。❶

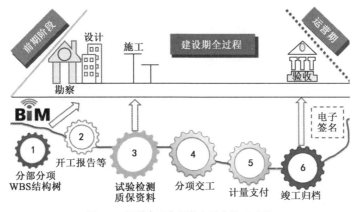

图 3-3　蜀道高速集团数字档案管理系统

(1)效率方面。沿江高速宁攀段项目预估产生档案约 7 万卷,纸质档案平均每页有 4 个手签名,7 万卷档案签名数约为 5600 万。应用数字档案管理系统后,使用电子签名,按照

---

❶ 刘文,仇宁涛,邹育麟.从"单套制"看全周期数字档案管理——以行业首个"单套制"项目试点四川沿江高速宁攀段为例[J].中国公路,2022(14):58-60.

目前应用的批量处理模式,效率可提高约50倍,可实现"交工即验收"的目标,档案验收周期缩短约2年。

（2）人员方面。资料人员减少三分之二,原有模式每标段约配置资料员10人,信息化后,配置人员减为4人,整个项目可减少上百人。根据国内公开报道,建设项目交通、核电、水电、航空航天、公检法、税务、银行均已逐步开展"单套制"试点研究,但在公路建设项目电子档案智慧归档尚处于空白地带,面对不断增加的具有查考利用价值的电子文件,系统不得不采用人工干预归档,受人为因素影响较大。机器学习算法用于公路电子文件归档办法尚无公开的研究报道。

3.1.4.2 国外现状

德国档案数字化起步较早,早在1929年,德国科学家Tausheck就提出了OCR的基本概念,❶OCR技术属于计算机输入技术的一种,它检测电子设备扫描的纸质文档图片中字符的形状,并将其识别成计算机可以处理的文本。1957年,第一个OCR系统ERA诞生,它以窥视孔原理为基础,转换速度可以达到每秒120个英文字符。20世纪60年代初期,NCR公司、Farrington公司和IBM公司都开发并推广了他们的OCR软件。德国十分重视档案利用价值,档案馆把与社会公众互动看作档案服务的重要方面,通过档案陈列展览、举办学术讲座、档案馆开放日等形式让社会更多地了解档案,促使公众经常走进档案馆,来达到服务社会的目的。

美国国家档案馆宣布2022年底前将停止接收各联邦机构移交的非电子档案。未来的美国国家档案馆将演变为单套制数字档案馆,其数字档案馆核心系统ERA（Electronic Records Archives,电子档案馆）建设提高了联邦政府文件处理与归档效率,改进了档案管理,简化了档案利用,提升了电子档案保存支持（图3-4）。这是人类社会档案存史方式的重大改变。

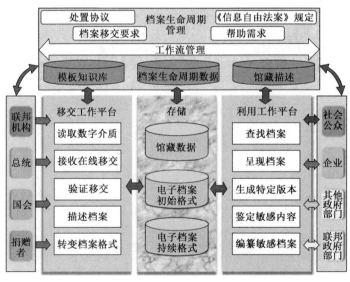

图3-4 ERA工作内容模拟图

---

❶ 李子煜.数字化档案关键信息提取系统的设计与实现[D].西安:西安电子科技大学,2021.

ERA项目基于开放档案信息系统(Open Archival Information Systems,OAIS)的功能模型进行总体设计,概括为两个中心、三个实例、四大功能。

(1)两个中心。ERA项目建设了"两个中心",即数据中心(data center)和系统运营中心(systems operation center)。数据中心主要实现存储。系统运营中心提供的移交工作平台和利用工作平台。

(2)三个实例。ERA目标是针对不同类型档案保存其流程与档案,针对在不同规则下管理的各类档案,ERA通过单独的实例来实现某种类型档案的保存。❶

(3)四大功能。一是元数据功能。用于记录档案的历史价值、责任者、创建原因、处理过程。二是移交功能。政府机构使用该功能向ERA移交档案和元数据。三是存储功能。实现档案的保存与复查。四是利用功能。社会公众使用该功能利用和访问非受控的档案信息。

通过文献研究法,有关机器学习、深度学习、计算机视觉、自然语言处理等人工智能技术在档案工作中虽有些许程度的应用尝试,但其与档案工作收管用的融合更多地表现在某一工作环节的智能化,尚未实现档案工作全程智能化,人工智能技术档案工作全程智能化有待实现。

3.1.4.3 发展趋势

1)具有自动归档功能是时代发展的需要

各行业档案要求将人工智能技术应用于档案工作的收管用全过程,利用机器学习、仿真推演等人工智能技术实现档案工作的全程智能化。我国先后出台了《全球人工智能发展白皮书》《"十四五"全国档案事业发展规划》等有关人工智能技术应用的政策,可见人工智能技术在档案工作中的应用前景广阔。机器学习作为人工智能的重要组成部分,通过特征工程提取档案标题、关键词、摘要等文本特征,并基于支持向量机、朴素贝叶斯等监督学习算法,训练档案分类模型,以对档案的自动分类归档,这将是档案发展的重要研究应用方向。

2)机器学习算法助力增量电子文件和档案的精准利用

在现代信息技术迅猛发展与广泛应用的背景下,档案管理领域正经历从传统手工操作向数字化、智能化的转型升级❷。机器学习是人工智能的一个重要分支,通过分析大量数据,自动发现规律和模式,实现对数据的准确排查、预测和分类。在智慧档案中,机器学习技术可以应用于"增量电子化"文件关键词提取、分类归档等方面,自动扩充档案归档边界,实现档案归档范围不断扩充,大大提高了档案管理的效率和精度。

3)在线智慧归档是档案监管、验收工作的重要手段

利用互联网、人工智能、大数据等先进信息技术,构建"互联网+监管"档案数字治理新模式,实时监控档案的生成、传输、存储和使用的全过程,确保档案数据的安全性和完整性,

---

❶ 范志强,赵屹.停止接收非电子档案:单套制数字档案馆——美国ERA项目及启示[J].兰台世界,2020(2):25-28.
❷ 刘越男,何思源,王强,等.企业档案与数据资产的协同管理:问题与对策[J].档案学研究,2022(6):94-102.

并通过设置权限管理和访问控制,有效防止档案被非法篡改或泄露,保障档案的真实性和可靠性。根据预设的规则和标准,对电子文件的内容、格式、元数据等进行自动排查,对不符合要求的档案,自动提示整改,直到满足验收验收标准。同时,通过互联网实现档案的批量验收和远程验收,减少人工干预,降低验收成本。监管与验收工作贯穿项目建设全过程,实现高效化、规范化和便捷化管理。

4)在档案管理工作中实现智能档案服务

传统的档案管理工作主要是为用户提供阅览、展览以及咨询等服务,而新的智能档案服务则在原有的基础之上增加了网站、新媒体等服务方式。而且,随着人工智能的不断发展进步,智能型公共服务机器人也会被逐渐应用到阅览、展览以及咨询等服务当中,从而为用户提供更多更加优质的智能化服务。

在互联网信息技术迅猛发展的形势下,档案使用者的数量还会急剧增加。档案管理工作人员可以充分利用数据挖掘技术深入地挖掘使用者的行为习惯,这样可以对使用者的个性化信息需求做到及时掌握,为用户提供更精准的服务,从而让档案管理工作能够获得更加广泛的认可。

3.1.5 主要研究内容

3.1.5.1 智慧排查

研究智慧排查拟归档文件的真实、准确、完整和系统性。❶ 基于 BLAST 和文本相似度算法比对原理,在"公路建设项目电子档案管理系统"中植入档案验收清单、电子文件归档要求、范围、保管期限、密级、分类和公路行业法规、标准,系统自动判断拟归档文件的真实、准确、完整和系统性。

3.1.5.2 智慧归档

建立电子文件信息数据库和业务系统数据交换平台中心,利用档案系统提供的标准化数据接口,研究在线"随办随归档""谁办谁归档"和"归档-验收一体化",实现业务系统到档案系统的智能"一键归档"。

采用机器学习算法和比对算法,对数据库存储的海量数据进行挖掘和分析,并将新收集的数据与历史数据进行分类、识别、预测和比对,发现潜在问题和规律,构建公路建设项目质保资料电子文件动态自动归档。同时,随着电子文件种类更加丰富,电子文件归档范围呈现出动态扩展的趋势。❷ 因此,基于机器学习算法、图片 EXIF 信息盲取技术,根据数据库累增数据存量,不断修正项目文件收集、归档方法与范围,提升归档智能水平,并通过实例验证,实现电子文件动态智慧排查、归档、利用,为电子文件归档和电子档案智慧验收一体化提供理论和实践经验。

---

❶ 金波,杨鹏.大数据时代档案数据治理研究[J].档案学研究,2020(4):29-37.
❷ 周洁.电子文件归档问题研究[D].苏州:苏州大学,2013.

3.2 机器学习的关键技术研究

3.2.1 机器学习的起源与发展历程

3.2.1.1 机器学习的起源及定义

"机器学习"最早由美国计算机科学家亚瑟·塞缪尔(Arthur Samuel)在1959年提出。他将机器学习定义为:"机器学习是一门研究如何使计算机能够不通过明确编程而自动学习的科学"。机器学习算法的开发和应用包括使用机器学习算法训练计算机下国际象棋。

机器学习行业定义是指利用统计学、人工智能和计算机科学等相关领域的理论和方法,让计算机能够从数据中学习和改进,并自动完成特定任务的一种技术或方法。它通过让计算机通过经验学习,提取和识别数据中的模式和规律,并根据学习结果做出决策或预测。

在机器学习中,计算机系统通过分析和理解输入的数据,自动发现其中的模式和规律,并在未来遇到类似数据时做出准确的预测或决策。这种自动学习的过程通常涉及使用统计学和数学方法来构建和训练模型,通过不断调整模型的参数和结构来提高性能。机器学习算法可以应用于各种任务,如分类、回归、聚类、推荐等。随着计算能力的提高和大数据的广泛应用,机器学习在各个领域的应用也变得越来越广泛,如自然语言处理、图像识别、数据挖掘等。

总之,机器学习旨在使计算机具备通过数据学习和改进自身性能的能力,从而实现更高效的数据处理、智能决策和自主学习。

3.2.1.2 机器学习的发展历程

1)萌芽期(1949—1968年)

机器学习的萌芽期可以追溯到20世纪50~60年代。这一时期,科学家们开始探索如何将机器赋予学习和自我适应的能力。

1956年,达特茅斯会议被认为是人工智能和机器学习的重要里程碑之一。会议讨论了如何使计算机能够模拟人类智能,并提出了"机器学习"这一术语。

随后的几十年里,机器学习的理论和方法不断发展。在20世纪60~70年代,科学家们开始研究基于统计方法的机器学习算法,如线性回归、逻辑回归和决策树等。

因此,可以说机器学习的萌芽期可以追溯到20世纪50~60年代,而随着科技的不断进步和发展,机器学习也在不断演进和应用。

2)瓶颈期(1969—1979年)

在1969—1979年间,机器学习的发展面临了一些瓶颈,主要包括以下几个方面:

第一,数据和计算资源限制。在那个时期,计算机的存储和处理能力相对较低,数据规模和数据质量也相对有限。这限制了机器学习算法的应用范围和性能。

第二,缺乏标准化的数据集和评估方法。机器学习需要大量的数据进行训练和评估,但当时缺乏标准化的数据集和评估方法。这使得算法的比较和效果评估相对困难,也限制了机器学习的进一步发展。

第三,缺乏理论和方法的发展。尽管在那个时期有一些重要的理论工作和算法被提出,但整体上,机器学习的理论和方法发展还相对较为初步。缺乏系统性的理论框架和方法体系,限制了机器学习算法的效率和准确性。

第四,缺乏实际应用案例。在那个时期,机器学习的实际应用案例还比较有限。这使得机器学习的发展受到了一定的限制,因为缺乏实际应用场景的反馈和需求驱动。

尽管在1969—1979年间机器学习面临了一些瓶颈,但这些问题也催生了后续研究和发展的需求,推动了机器学习在后来几十年的快速发展。随着计算能力的提升、数据资源的丰富和理论方法的深化,机器学习得以克服这些瓶颈,并取得了巨大的进展。

总的来说,机器学习的发展过程中可能存在一些瓶颈期,但是随着技术的进步和应用的推广,这些瓶颈逐渐被克服,机器学习得以持续发展。

3)恢复期(1980—1889年)

在1980—1989年间,机器学习进入了一个恢复期,取得了一些重要的发展,主要包括以下几个方面:

第一,知识表示与推理。在这个时期,知识表示和推理成为机器学习的重要研究方向。研究者们开始探索如何将领域专家的知识转化为机器可理解和应用的形式,并开发推理机制来实现基于知识的决策和推理。

第二,归纳逻辑编程。归纳逻辑编程是机器学习的一个重要分支,它将逻辑推理和归纳学习相结合,能够从观察到的事实中推断出一般性的规则。在这个时期,归纳逻辑编程的研究开始兴起,为知识表示和推理提供了新的方法。

第三,决策树和神经网络。在这个时期,决策树和神经网络成为机器学习中的热门算法。❶ 决策树通过构建一系列决策节点来进行分类和回归,而神经网络则模拟了神经元之间的连接和传递信息的过程,能够进行复杂的非线性建模和学习。

第四,统计学习理论。统计学习理论的发展也是这个时期的重要进展之一。统计学习理论提供了一种理论框架,用于分析和设计学习算法的性能和一致性。这一理论为机器学习提供了严格的数学基础,推动了算法的研究和改进。

第五,实际应用案例。在这个时期,机器学习开始在一些实际应用领域得到应用,如语音识别、图像处理和自然语言处理等。这些实际应用案例的成功推动了机器学习的发展,并为后来的研究和应用奠定了基础。

总的来说,在1980—1989年间,机器学习在算法、理论和应用方面都取得了一定的进展,为后续的研究和发展奠定了基础。

4)突破期(1990—2005年)

在1990—2005年间,机器学习取得了一些重要的突破,具体包括以下几个方面:

第一,支持向量机(Support Vector Machines,SVM)。SVM是一种基于统计学习理论的

---

❶ 曲诺.基于决策树模型的概念阐述及算法改进[J].中国新通信,2018,20(21):157-158.

分类算法,在这个时期得到广泛的关注和研究。SVM能够在高维空间中进行非线性分类,具有很强的泛化能力和鲁棒性。

第二,神经网络的复兴。神经网络在这个时期经历了一次复兴。研究者们提出了一些新的训练算法和网络结构,如反向传播算法和多层感知机。这使得神经网络能够在复杂任务中取得更好的表现,并被广泛应用于图像识别、语音识别等领域。

第三,集成学习方法的提出。在这个时期,研究者们提出了一些集成学习的方法,如随机森林和Boosting。这些方法通过结合多个学习器的预测结果,能够取得更好的泛化能力和鲁棒性。

第四,数据挖掘和大数据的兴起。在这个时期,数据挖掘和大数据开始得到广泛关注。研究者们提出了一些数据挖掘的方法和算法,如关联规则挖掘和聚类分析。同时,随着互联网的快速发展,大量的数据开始被收集和存储,这为机器学习提供了更多的数据资源和应用场景。

第五,实际应用领域的拓展。在这个时期,机器学习开始在更多的应用领域得到应用,如金融、医疗和推荐系统等。这些应用拓展推动了机器学习的研究和发展,并为实际问题提供了解决方案。

这些重要的突破为后续机器学习的发展奠定了基础,并推动了更多的研究和应用。

3.2.2 机器学习政策分析

3.2.2.1 人工智能相关方案

1)《"互联网+"人工智能三年行动实施方案》

该方案于2015年由国家发改委、科技部、工信部、中央网信办联合发布。

方案提出要建设满足深度学习等智能计算需求的新型计算集群共享平台、云端智能分析处理服务平台、算法与技术开放平台、智能系统安全公共服务平台、多种生物特征识别的基础身份认证平台等基础资源服务平台。❶

机器学习领域可借力该方案推动技术创新,鼓励企业、高校、科研机构等加强机器学习的基础研究和应用创新,提升机器学习算法和模型的性能和效果。

加强机器学习人才培养,建设相关的教育培训体系,培养和引进机器学习领域的专业人才,提高人才队伍的素质和数量。

促进机器学习与产业融合,支持机器学习技术在各行各业的应用,推动机器学习与云计算、大数据、物联网等技术的融合,推动形成以机器学习为核心的新一代信息技术产业。

加强安全保障和隐私保护,加强机器学习领域的数据安全、算法可解释性、隐私保护等方面的研究和应用,确保机器学习技术的安全可靠性。

推进国际合作和交流,加强国际合作,促进机器学习领域的技术交流、标准制定和人才流动,推动中国在机器学习领域的国际影响力和竞争力。

推动机器学习技术的创新和应用,促进相关产业的发展,同时注重安全与隐私保护,以

---

❶ 罗伟节,林祎,汤金旭.杭州人工智能产业发展要素分析[J].杭州科技,2021(2):12-16.

及国际合作和交流的推进。为中国的机器学习发展提供了指导和支持。

2)《新一代人工智能发展规划》

该规划于2017年7月8日由国务院发布,旨在加快建设创新型国家和世界科技强国,推动人工智能技术的发展和应用。该规划提出要重点突破自适应学习、自主学习等理论方法,实现具备高可解释性、强泛化能力的人工智能,要突破量子加速机器学习方法,建立高性能计算与量子算法混合模型形成高效精确自主的量子人工智能系统架构。❶

机器学习领域可在规划指导下推动机器学习的核心技术研究,加强对机器学习的基础理论研究,探索新的机器学习模型、算法和方法,提高机器学习的效率和性能。

加强机器学习算法和工具的研发,推动机器学习算法和工具的创新和发展,提高机器学习的智能化水平和应用能力,为各行各业提供更好的机器学习解决方案。

促进机器学习与大数据、云计算、物联网等技术的融合,推动机器学习与其他相关技术的融合,提高数据的利用效率和智能化水平,推动形成以机器学习为核心的新一代信息技术产业。

加强人才培养和团队建设,建设机器学习人才培养体系,培养和引进机器学习领域的专业人才,加强团队建设和合作,提升机器学习人才队伍的素质和数量。

推进机器学习技术应用,支持机器学习技术在各行各业的应用,推动机器学习技术在医疗、交通、金融、农业等领域的落地和推广,促进机器学习技术的产业化发展。

加强机器学习技术的安全与隐私保障,加强机器学习领域的安全保障和隐私保护,研究和应用安全的机器学习算法和模型,确保机器学习技术的安全性和可靠性。❷

《新一代人工智能发展规划》为中国的机器学习发展制定了全面的战略和行动计划,旨在推动机器学习技术的创新和应用,促进相关产业的发展,并注重人才培养、安全与隐私保护等方面的问题。

3)《关于深化"互联网+先进制造业"发展工业互联网的指导意见》

该指导意见于2017年由国务院发布,旨在通过系统构建网络、平台、安全三大功能体系,打造人、机、物全面互联的新型网络基础设施,形成智能化发展的新兴业态和应用模式,推动工业互联网的发展。❸

机器学习领域可以在指导意见下推动机器学习与工业互联网的融合,鼓励企业将机器学习技术应用于工业互联网的各个环节,包括数据采集、数据分析、预测与决策等,提高生产效率和质量。

支持机器学习平台建设,鼓励企业建设机器学习平台,提供机器学习算法和工具的集成和应用环境,促进机器学习技术的快速应用和迭代改进。

促进机器学习与大数据、云计算等技术的融合,推动机器学习与其他相关技术的深度融合,充分利用大数据和云计算等资源,提高机器学习的智能化水平和效率。

---

❶ 时政期刊栏目.国务院:新一代人工智能发展规划[J].重庆与世界(学术版),2018(1):13.
❷ 周森鑫.可信工业控制网络系统性能属性测度研究[D].合肥:合肥工业大学,2018.
❸ 学术期刊.信息动态[J].信息系统工程,2018(1):8.

加强人才培养和技术创新,加大机器学习人才培养力度,培养和引进工业互联网领域的机器学习专业人才,推动技术创新和应用落地。

加强机器学习技术的安全保障,加强机器学习算法和模型的安全保护,防止机器学习系统被攻击和滥用,确保工业互联网的安全和稳定运行。

该指导意见旨在通过促进机器学习技术的应用和创新,推动数字化、智能化的工业转型,实现制造业的高质量发展。

4)《新一代人工智能产业创新重点任务揭榜工作方案》

该方案于2018年11月8日由工信部发布,旨在加快推动我国新一代人工智能产业创新发展制定。推动新一代人工智能产业的创新和发展。神经网络芯片领域的揭榜任务为:研发面向机器学习至训练应用的云端神经网络芯片、面向终端应用发展适用于机器学习计算的终端神经网络芯片,研发与神经网络芯片配套的编译器、驱动软件、开发环境等产业化支撑工具。[1]

机器学习领域可以紧跟工作方案加强基础研究和核心技术攻关,鼓励开展机器学习的基础研究,推动核心技术的突破和创新,包括深度学习、强化学习、迁移学习等方面。

推动机器学习与各行业融合应用,鼓励将机器学习技术应用于各个行业和领域,包括智能制造、智慧交通、智能医疗等,提高生产效率和服务质量。

支持机器学习平台建设和应用推广,鼓励企业建设机器学习平台,提供机器学习算法和工具的集成和应用环境,推动机器学习技术的快速应用和推广。

加强人才培养和团队建设,加大机器学习人才培养力度,培养和引进人工智能领域的机器学习专业人才,推动创新团队的建设和合作。

加强机器学习技术的安全保障和隐私保护,加强机器学习算法和模型的安全保护,防止机器学习系统被攻击和滥用,保障个人和企业的数据隐私。

该工作方案旨在促进机器学习技术的应用和创新,推动新一代人工智能产业的发展,加速数字化、智能化的转型和升级。通过推动机器学习与各行业的融合,提升产业的智能化水平和竞争力。

5)《关于积极推进"互联网+"行动的指导意见》

该指导意见于2015年7月4日由国务院发布,旨在加快推动互联网与各领域深入融合和创新发展,充分发挥"互联网+"对稳增长、促改革、调结构、惠民生、防风险的重要作用,推动互联网与各行业融合发展。提出要建设支撑超大规模深度学习的新型计算集群,构建包括语音、图像、视频、地图等数据的海量训练资源库,加强人工智能基础资源和公共服务等创新平台建设。[2]

机器学习领域可以在指导意见下推动机器学习在互联网领域的应用,鼓励互联网企业将机器学习技术应用于搜索引擎优化、推荐系统、广告定向投放等领域,提升用户体验和服

---

[1] 工信部发布《促进新一代人工智能产业发展三年行动计划(2018—2020年)》[J].智能制造,2018(1):4.
[2] 国务院关于积极推进"互联网+"行动的指导意见[J].实验室科学,2015,18(6):13,25,41,44,50,63,74,86,95,132,135,138,144,147,151,168,181,196.

务质量。

引导互联网企业加强机器学习平台建设,鼓励互联网企业建设机器学习平台,提供机器学习算法和工具的集成和应用环境,推动机器学习技术的快速应用和推广。

加强机器学习技术的研发和创新,鼓励互联网企业加大对机器学习的研发投入,推动核心技术的突破和创新,包括深度学习、强化学习、迁移学习等方面。

培养机器学习人才和团队,加强互联网企业对机器学习人才的培养和引进,建立人才储备和培养机制,推动创新团队的建设和合作。

加强机器学习技术的安全保障和隐私保护,加强机器学习算法和模型的安全保护,防止机器学习系统被攻击和滥用,保障个人和企业的数据隐私。

该指导意见推动互联网与机器学习技术的融合发展,加强核心技术的研发和应用,提升互联网企业的创新能力和竞争力,推动数字经济的发展和转型升级。通过推进"互联网+"行动,促进机器学习技术的广泛应用,实现经济的高质量、高效益发展。

6)《促进大数据发展行动纲要》

该纲要于2015年8月31日由国务院发布,旨在加快政府数据开放共享,推动资源整合,提升治理能力;推动产业创新发展,培育新兴业态,助力经济转型;强化安全保障,提高管理水平,促进健康发展。推动大数据技术与各行业融合发展。深度学习等人工智提出要支持自然语言理解、机器学习、能技术创新,提升数据分析处理能力、知识发现能力和辅助决策能力。❶

机器学习领域可以在行动纲要框架内加强机器学习基础研究,鼓励企业、高校和科研机构加大对机器学习的基础研究投入,推动核心算法和模型的创新,提高机器学习的理论水平和应用能力。

推动机器学习在各行业的应用,鼓励各行业加强与机器学习企业和研究机构的合作,共同开展大数据的采集、存储、处理和分析工作,推动机器学习技术在医疗、金融、教育、交通等领域的应用。

培养机器学习人才和团队,加强人才培养和引进,建立机器学习专业和人才培养机制,推动高水平的研究团队和创新中心的建设。

加强机器学习技术的标准化和规范化,推动机器学习技术的标准化工作,建立机器学习算法和模型的评估和认证体系,提高机器学习技术的可靠性和可信度。

加强机器学习技术的隐私保护和安全管理,加强对机器学习系统的安全防护,保护用户的个人隐私和数据安全,推动隐私保护和安全管理的制度建设。

该行动纲要旨在推动大数据与机器学习技术的融合发展,加强核心技术的研发和应用,推动各行业的数字化转型和创新发展。通过促进大数据的发展,推动机器学习技术的广泛应用。

7)《机器人产业发展规划(2016—2020年)》

该规划于2016年由工业和信息化部、国家发展改革委、财政部等三部委联合印发,旨在

---

❶ 刘静伟.基于深度学习技术的锅炉建模与燃烧优化[D].上海:上海交通大学,2020.

聚焦智能生产、智能物流，攻克工业机器人关键技术，提升可操作性和可维护性，引导我国工业机器人向中高端发展。推动机器人产业的发展。❶ 提出要重点开展人工智能、机器人深度学习等基础前沿技术研究，突破机器人通用控制软件平台、人机共存、安全控制、高集成一体化关节、灵巧手等核心技术。

机器学习领域可以根据发展规划推动机器学习在机器人领域的应用，鼓励企业和研究机构加强机器学习技术在机器人领域的研究和应用，提高机器人的智能化水平。包括将机器学习应用到机器人的感知、决策、控制等方面，提高机器人的自主学习和自适应能力。

培养机器学习人才和团队，加强机器学习人才的培养和引进，建立机器学习专业和研究团队，推动机器学习与机器人技术的交叉融合。鼓励高校和研究机构开展机器学习与机器人领域的科研项目，加强人才培养和团队建设。

加强机器学习算法和模型的研发，推动机器学习算法和模型的创新，提高机器学习的效果和性能。鼓励企业和研究机构加大对机器学习算法和模型的研发投入，提高核心技术的竞争力和市场应用能力。

促进机器学习与产业的深度融合，鼓励机器学习技术与制造业、服务业等行业的深度融合，推动机器学习在智能制造、智慧城市、智能交通等领域的应用。支持企业开展机器学习技术的产业化推广和转化，推动机器人产业的发展和升级。

该规划旨在推动机器人产业的发展，加强机器学习技术在机器人领域的应用和研发，提高机器人的智能化水平，推动机器人产业的创新发展。

3.2.2.2 国内政策对机器学习发展的推动作用

国内政策在机器学习的发展中起到了重要的推动和引导作用。

政府通过出台相关政策，对机器学习领域的企业和研究机构给予资金支持、税收优惠等政策激励，鼓励其进行机器学习技术的研发和应用。这为机器学习产业的发展提供了资金和资源保障。

政府通过项目资助、科技创新基金等方式引导企业和研究机构在机器学习领域进行创新研究和技术攻关。政府还举办各类竞赛和挑战赛，促进机器学习技术的创新和进步。

政府鼓励高校和研究机构开设机器学习相关专业，培养人工智能和机器学习领域的人才。政府还通过引进海外优秀人才、设立科研岗位等方式吸引国内外优秀的机器学习人才。

政府制定相关法规和标准，规范机器学习技术的开发和应用。这有助于提高机器学习的可信度、安全性和可持续发展能力。

政府鼓励数据资源的开放与共享，为机器学习算法的训练和应用提供数据支撑。政府还加强数据安全保护，确保数据的隐私和安全。

总的来说，国内政策对机器学习的发展起到了引导、激励、保障和规范的作用。政策的出台为机器学习产业的发展提供了环境和条件，促进了机器学习技术的创新和应用，推动了机器学习在各个领域的发展和应用。

---

❶ 阮晓东.智能仓储物流机器人时代的来临[J].新经济导刊,2016(11):68-72.

3.2.3 机器学习原理

机器学习的原理是通过让计算机系统从大量的数据中自动学习并改进性能,而不需要显式地进行编程。其基本原理可以概括为以下几个步骤:

3.2.3.1 数据采集

机器学习算法需要大量的数据来进行训练,这些数据应该是准确、有代表性且涵盖了各种可能的情况。数据可以来自各种来源,如数据库、传感器、互联网等。收集并准备所需的训练数据集,其中包含输入特征和对应的输出标签。

3.2.3.2 特征选择和预处理

数据中的特征通常是多维的,机器学习算法需要从中选择合适的特征来训练模型。在选择特征之前,可能需要进行数据清洗,处理缺失值,对数据进行归一化或标准化等预处理步骤,以确保数据的质量和一致性。对数据进行特征选择和预处理,包括数据清洗、缺失值处理和特征转换等。

3.2.3.3 模型选择和训练

在选择机器学习算法时,需要考虑任务的性质和数据的特征。常见的机器学习算法包括决策树、支持向量机、神经网络、随机森林等。训练模型时,将训练数据集输入到选定的模型中,模型会根据数据的特征和标签,自动学习并调整其内部参数,以最小化预测误差。选择适合任务的机器学习算法,并将准备好的数据集输入到模型中进行训练。模型在训练过程中会自动调整参数以最小化预测误差。

3.2.3.4 模型评估

训练完成后,使用独立的测试数据集对模型进行评估。比较模型的预测结果与真实标签,可以使用各种评估指标如准确率、精确率、召回率、F1 分数等来评估模型的性能。评估结果可以帮助了解模型的泛化能力和预测准确性。通过比较预测结果与真实标签来评估模型的性能。

3.2.3.5 模型优化

根据模型评估结果,对模型进行调整和优化。可能需要调整模型的超参数,如学习速率、正则化参数等,以达到更好的性能。另外,增加更多的训练数据、改变特征选择方法,或者尝试其他算法,也可以改善模型的性能。根据评估结果对模型进行调整和优化,以提高模型的性能。包括调整模型参数、增加更多的训练数据、改变特征选择等。

3.2.3.6 预测和应用

优化后的模型可以应用于新的输入数据,通过对输入数据进行预测来解决实际问题。例如,利用训练好的模型对新的图像进行分类,或者对新的文本进行情感分析等。使用优化后的模型对新的输入数据进行预测,并将模型应用于实际的问题解决中。

总结来说,机器学习的原理是利用训练数据中的模式和规律,通过自动学习和优化算法来构建预测模型。这些模型可以用于预测、分类、聚类等任务,使计算机系统能够从数据中学习并提供有用的洞察和决策。

3.2.4 机器学习分类

3.2.4.1 根据学习模式分类

(1)监督学习(Supervised Learning)。监督学习是指在训练数据集中有明确的输入和输出标签的情况下进行学习。算法通过学习输入与输出的对应关系,来建立一个预测模型,能够对新的输入数据进行准确的预测。常见的监督学习算法包括线性回归、逻辑回归、决策树、支持向量机等。

(2)无监督学习(Unsupervised Learning)。无监督学习是指在训练数据集中没有明确的输出标签的情况下进行学习。算法通过对数据进行聚类、降维、关联规则挖掘等,来发现数据中的结构和模式。常见的无监督学习算法包括聚类算法(如K均值聚类、层次聚类),主成分分析(PCA),关联规则挖掘等。

(3)半监督学习(Semi-supervised Learning)。半监督学习是介于监督学习和无监督学习之间的一种学习方式。[1] 在半监督学习中,训练数据集中只有一部分有明确的输入和输出标签,其余部分没有标签。算法利用有标签数据和无标签数据的信息,来建立一个预测模型。半监督学习常用于数据集标签较少或者标签获取成本较高的情况。

(4)强化学习(Reinforcement Learning)。强化学习是一种通过在环境中进行试错和反馈学习的方法。在强化学习中,算法通过与环境进行交互,采取一系列的动作来最大化累积奖励。与监督学习不同,强化学习没有明确的输入输出对应关系,而是通过尝试和经验来学习最优的策略。强化学习常用于机器人控制、自动驾驶等领域。

(5)迁移学习(Transfer Learning)。迁移学习是指将在一个任务上学到的知识和模型迁移到另一个相关任务上的过程。通过迁移学习,可以利用已有的知识和模型来加速新任务的学习过程,尤其在目标任务的数据较少时有很大的帮助。

(6)增强学习(Reinforcement Learning)。增强学习是一种通过试错和反馈来学习最优策略的方法。与监督学习和无监督学习不同,增强学习主要关注如何通过与环境的交互来最大化累积奖励。这种方法常用于自动驾驶、机器人控制等场景。

(7)协同过滤(Collaborative Filtering)。协同过滤是一种通过分析用户之间的相似性和物品之间的相似性来进行推荐的方法。该方法常用于推荐系统中,通过利用用户的行为数据或者评分数据,向用户推荐可能感兴趣的物品。

(8)异常检测(Anomaly Detection)。异常检测是一种通过分析数据中的异常模式来发现异常或者异常事件的方法。该方法常用于识别网络入侵、信用卡欺诈等领域,可以帮助发现潜在的风险和威胁。

(9)深度学习(Deep Learning)。深度学习是一种基于神经网络的机器学习方法,通过多层的神经网络结构来学习复杂的特征表示和模式。深度学习在图像识别、语音识别、自然语言处理等领域取得了很大的成功。

---

[1] 李函怡.融合主动学习的半监督技术在图像分类中的应用研究[D].重庆:西南大学,2015.

3.2.4.2 根据算法网络深度分类

(1)浅层学习算法(Shallow Learning Algorithms)。这类算法通常只包含一到两层的神经网络结构。它们主要用于处理输入特征较简单的任务,如线性回归、逻辑回归、支持向量机等。这些算法具有较少的参数和较快的训练速度,适用于小规模的数据集。

(2)深度学习算法(Deep Learning Algorithms)。这类算法主要基于深度神经网络结构,具有多个隐藏层。深度学习算法通过多层的非线性变换和特征提取,能够学习到更复杂的特征表示和模式。典型的深度学习算法包括卷积神经网络(CNN)、循环神经网络(RNN)、长短时记忆网络(LSTM)等。深度学习算法在图像识别、自然语言处理等领域取得了很大的成功。

(3)深度强化学习算法(Deep Reinforcement Learning Algorithms)。这类算法结合了深度学习和强化学习的思想,用于解决智能体与环境交互的问题。深度强化学习算法利用深度神经网络来学习最优策略,通过试错和反馈来不断改进智能体的决策。典型的深度强化学习算法包括深度Q网络(DQN)、策略梯度算法等。

(4)浅层神经网络(Shallow Neural Networks)。这类算法包含一到两层的神经网络结构,通常只有输入和输出层,中间没有或只有少量的隐藏层。典型的浅层神经网络算法包括感知机、单层神经网络等。

(5)中层神经网络(Mid-level Neural Networks)。这类算法的神经网络结构包含了多个隐藏层,但不像深度学习算法那样非常深。中层神经网络通常包含3~5个隐藏层,用于处理中等复杂度的任务。典型的中层神经网络算法包括多层感知机(MLP)等。

(6)深度卷积神经网络(Deep Convolutional Neural Networks)。这类算法是深度学习中应用广泛的一种网络结构,主要用于图像和视觉任务。深度卷积神经网络结构包含多个卷积层和池化层,用于提取图像的特征表示。典型的深度卷积神经网络算法包括LeNet、AlexNet、VGG、ResNet等。

(7)长短时记忆网络(Long Short-Term Memory Networks)。这类算法是一种特殊的循环神经网络结构,用于处理序列数据和时序任务。长短时记忆网络通过引入记忆单元和门控机制,能够有效地处理长期依赖关系。这种网络结构常用于语言建模、机器翻译、语音识别等任务。

3.2.5 机器学习关键技术

3.2.5.1 数据预处理

数据预处理是机器学习中非常重要的一步,旨在为模型提供干净、规范和适合使用的数据。它对原始数据进行清洗、去噪、归一化等处理,以提高数据质量和可用性。常见的数据预处理步骤包括数据清洗,即去除重复值、处理异常值和噪声;缺失值处理,包括填充缺失值或删除缺失值过多的样本;特征选择,选择对目标变量有显著影响的特征;特征标准化,将不同尺度的特征转换为相同的尺度。

数据预处理包括以下几个主要方面:

(1)数据清洗。这是数据预处理的第一步,用于去除数据中的噪声、缺失值和异常值。

噪声是指数据中的无效或错误信息,可以通过过滤或纠正数据来消除。缺失值是指数据中的空白或不完整的条目,可以通过填充、删除或插值等方法进行处理。异常值是指与其他数据显著不同的值,可以通过统计方法或领域知识来检测和处理。

(2)特征选择。在数据中可能存在许多特征,但并非所有特征都对模型的性能有贡献。特征选择的目的是从所有特征中选择最相关和最有用的特征,以减少模型的计算复杂性和提高模型的准确性。常用的特征选择方法包括相关性分析、卡方检验、信息增益和L1正则化等。

(3)特征缩放。特征通常具有不同的尺度和范围,例如某些特征可能在0~1之间,而其他特征可能在100~10000之间。这种尺度差异会影响模型的性能,因此需要对特征进行缩放,使它们具有相似的尺度。常见的特征缩放方法包括标准化(将数据转换为均值为0,方差为1的分布)和归一化(将数据缩放到0~1之间)。

(4)数据转换。某些机器学习算法对数据的分布或形式有特定的要求,因此需要对数据进行转换。常见的数据转换方法包括对数变换(将数据取对数)、指数变换(将数据进行指数化)和多项式变换(将特征进行幂次扩展)等。

(5)数据集划分。在进行机器学习任务时,通常将数据集划分为训练集、验证集和测试集。训练集用于模型的训练,验证集用于调整模型的超参数,并选择最佳模型,测试集用于评估模型的性能。数据集划分可以通过随机抽样或交叉验证等方法进行。

数据预处理的目标是将原始数据转化为适用于机器学习算法的输入,以提高模型的性能和准确性。通过数据预处理,可以减少模型训练和推断的时间,提高模型的稳定性和可靠性,并提高模型在现实世界中的应用效果。

3.2.5.2 特征工程

特征工程是通过对原始数据进行变换和映射,以提取更具代表性和有用的特征。特征工程可以包括特征构建,通过组合、衍生或转换原始特征来生成新的特征;特征选择,选择对目标变量有较强相关性的特征;特征降维,减少特征的维度,以简化模型和提高效率。

特征工程在机器学习中是一个重要且关键的步骤,它涉及对原始数据进行转换、选择和创建特征,以便更好地表示数据和解决问题。特征工程的目标是通过寻找和构建适当的特征,提取数据中的有用信息,使得机器学习模型能够更好地进行学习和预测。下面是一些常见的特征工程技术和方法:

(1)特征提取。特征提取是从原始数据中抽取有用信息的过程。它可以通过数学或统计方法对原始数据进行转换,以得到更具表达力的特征。常见的特征提取方法包括主成分分析(PCA)、奇异值分解(SVD)和线性判别分析(LDA)等。

(2)特征选择。特征选择是从所有可用特征中选择最具预测能力的特征。它可以减少特征空间的维度,提高模型的效率和泛化能力。常见的特征选择方法包括相关性分析、信息增益、卡方检验、L1正则化等。

(3)特征构建。特征构建是基于原始数据创建新的特征。它可以通过组合、转换或衍生原始特征来增加模型的表达能力。例如,可以通过将两个特征相乘或相除来创建新的特征,以捕捉特征之间的相互作用。特征构建需要基于领域知识和问题的理解。

(4)特征缩放。特征缩放是将特征转化为相似的尺度和范围的过程。这可以避免某些特征对模型的影响过大,导致模型偏向某些特征。常见的特征缩放方法包括标准化和归一化。

(5)类别特征编码。在数据中存在类别型特征,例如性别、地区等。这些特征通常不能直接输入到机器学习模型中,需要进行编码转换为数值型特征。常见的类别特征编码方法包括独热编码、标签编码和二进制编码等。

(6)处理缺失值。在数据中可能存在缺失值,需要进行处理。可以选择删除包含缺失值的样本,或使用插补方法填充缺失值。

特征工程的核心思想是基于对数据和问题的理解,设计和构建合适的特征,以提高模型的性能和预测能力。通过合适的特征工程,可以提供更有表达力的数据表示,从而增加模型对数据的理解和判别能力。

3.2.5.3 模型选择和训练

模型选择是指在机器学习任务中选择适合的模型结构和算法,包括监督学习、无监督学习、半监督学习等。常见的模型包括线性回归、逻辑回归、决策树、支持向量机、神经网络等。模型训练是通过使用标注好的训练数据对选择的模型进行训练和优化,以得到最佳的模型参数。训练过程中通常使用损失函数和优化算法来指导模型的学习过程。

模型选择和训练是机器学习中的关键步骤,它涉及选择适当的模型,并使用训练数据对模型进行训练和优化。以下是模型选择和训练的详细说明:

1)模型选择

可供选择的模型类型:在机器学习中有许多不同类型的模型可供选择,如线性回归、逻辑回归、决策树、支持向量机、深度神经网络等。选择适当的模型类型取决于问题的特征和要解决的任务。需要根据问题的特点、数据的性质和模型的复杂度进行权衡。

调优超参数:模型具有许多超参数(不由模型自动学习的参数),如学习率、正则化参数、决策树的深度等。在选择模型时,需要对这些超参数进行调优,以获得最佳的模型性能。常见的超参数调优方法包括网格搜索、随机搜索和贝叶斯优化等。

2)训练模型

数据集划分:通常将原始数据划分为训练集、验证集和测试集。训练集用于模型的训练和参数优化,验证集用于超参数的选择和模型调优,测试集用于评估模型的泛化性能。常见的划分比例是70%的数据用于训练,10%~15%的数据用于验证和10%~15%的数据用于测试。

特征预处理:在训练模型之前,需要对数据进行预处理,以使其适合模型的要求。这可能包括特征缩放、特征选择、特征转换等。预处理的方式取决于问题和模型的性质。

模型训练:使用训练集数据对选择的模型进行训练。这意味着通过将输入数据传递给模型并根据预定义的目标函数进行参数调整来拟合模型。训练通常涉及优化算法,如梯度下降,以最小化损失函数或最大化模型的似然函数。

模型评估:在训练过程中,需要评估模型在验证集上的性能,以确定模型的泛化能力和选择最佳的超参数。常见的评估指标包括准确率、精确率、召回率、F1分数等。可以使用交叉验证等技术来更准确地评估模型的性能。

模型优化:根据训练和验证的结果,可以对模型进行进一步的优化。这可能包括调整超参数、增加模型的复杂度或使用正则化方法等。目标是获得最佳的模型性能。

3)模型调优

超参数调优:根据验证集的性能,调整模型的超参数,以找到最佳的超参数组合。可以使用网格搜索、随机搜索或贝叶斯优化等方法来搜索超参数空间。

模型复杂度调整:对于某些模型,如决策树或神经网络,可以通过调整模型的复杂度来平衡拟合和过拟合。增加模型的复杂度可能会导致更好的训练集拟合,但也可能导致过拟合。因此,需要通过验证集的性能来找到适当的模型复杂度。

特征工程:通过选择、转换或创建新的特征来改进模型性能。特征工程可以包括特征提取、特征选择、特征转换等。这可以通过领域知识、特征重要性分析、主成分分析等方法来进行。

4)模型训练和优化

优化算法:选择合适的优化算法来训练模型。常见的优化算法包括梯度下降、随机梯度下降、牛顿法等。这些算法通过迭代更新模型的参数,以最小化损失函数或最大化似然函数。

批量大小和学习率:调整批量大小和学习率对模型的训练和收敛速度具有重要影响。较小的批量大小和较大的学习率可能会导致训练不稳定或无法收敛,而较大的批量大小和较小的学习率可能会导致训练过慢。需要通过实验和验证集的性能来选择最佳的参数。

正则化:为了避免过拟合,可以使用正则化方法,如L1正则化、L2正则化或dropout等。这些方法可以限制模型的复杂度或减少参数之间的相关性,以提高模型的泛化能力。

模型选择和训练是一个迭代的过程,需要不断地尝试和优化,以找到最佳的模型和参数组合,以解决特定的问题。这需要对问题领域有深入的理解和对机器学习算法的运作原理有一定的掌握。

3.2.5.4 模型评估和验证

模型评估是通过使用测试数据对训练好的模型进行评估,以评估模型的性能和泛化能力。常见的评估指标包括准确率、精确率、召回率、F1值等。模型验证是对训练好的模型进行验证和验证,以确保模型的质量和可靠性。常见的验证方法包括交叉验证、留出法、自助法等。

在机器学习中,模型评估和验证是确定模型性能和泛化能力的关键步骤。下面详细说明了模型评估和验证的几种常见方法:

1)留出集(Hold-out set)

将数据集划分为训练集和测试集两部分,通常以70-30或80-20的比例划分。使用训练集训练模型,然后使用测试集评估模型的性能。

这种方法简单快速,但有可能由于数据划分的随机性而导致评估结果不稳定。

2)交叉验证(Cross-Validation)

将数据集划分为k个子集(通常是$k=5$或$k=10$),每次选择一个子集作为验证集,其

余 $k-1$ 个子集作为训练集。对每个子集重复进行模型训练和验证,最后将所有验证结果平均得到最终评估结果。

交叉验证可以更充分地利用数据,减小因数据划分而引入的随机性,提供更稳定和可靠的评估结果。

3)自助法(Bootstrap)

自助法基于自助采样的思想,从原始数据集中有放回地随机抽样,得到一个与原始数据集大小相同的采样集,将未被抽到的样本作为验证集。重复上述过程多次,最后将所有验证结果平均得到最终评估结果。

自助法可以有效地利用数据,但由于每次抽样都会有部分样本重复出现,因此会引入一定的偏差。

4)偏差-方差分解

在模型评估过程中,可以使用偏差-方差分解来分析模型的性能。

模型的误差可以分解为偏差(模型的拟合能力)和方差(模型在不同数据集上的变化)两部分。偏差较大表示模型在训练集上的表现不佳,方差较大表示模型在不同数据集上的表现不稳定。

通过分析偏差和方差的相对大小可以判断模型是欠拟合还是过拟合,从而指导模型的进一步调整和优化。

需要注意的是,模型评估和验证的目标是估计模型在实际应用中的性能,因此评估结果应该是客观、可靠和可重复的。同时,还应该根据具体问题的特点和数据的特征选择合适的评估方法,并结合领域知识和实际需求来进行模型选择和决策。

3.2.5.5 超参数调优

超参数是在模型训练过程中需要手动设置的参数,例如学习率、正则化参数等。超参数调优是通过尝试不同的超参数组合,以找到最佳的超参数设置,以提高模型的性能和泛化能力。常见的调优方法包括网格搜索、随机搜索、贝叶斯优化等。

下面详细说明了超参数调优的几种常见方法:

1)网格搜索(Grid Search)

网格搜索是一种穷举搜索的方法,通过指定超参数的候选值组合,遍历所有可能的组合来进行模型训练和验证。

对于每个组合,使用交叉验证等评估方法来评估模型性能,并选择性能最好的参数组合作为最终的超参数。

网格搜索的优点是简单易懂,适用于超参数空间较小的情况,但当超参数空间较大时,搜索时间会非常长。

2)随机搜索(Random Search)

随机搜索是一种随机采样的方法,通过在超参数空间内随机选择参数组合进行模型训练和验证。随机搜索的优点是可以在较少的迭代次数内找到性能较好的超参数组合,尤其适用于超参数空间较大的情况。

与网格搜索相比,随机搜索的搜索效率更高,但不能保证找到全局最优解。

3)贝叶斯优化(Bayesian Optimization)

贝叶斯优化是一种基于贝叶斯推断的优化方法,通过构建超参数的后验分布,不断更新并选择下一个最有可能提升模型性能的超参数。贝叶斯优化的优点是可以根据之前的评估结果来指导下一次的参数选择,更加高效地搜索超参数空间。

贝叶斯优化适用于超参数空间较大且连续的情况,但需要先定义超参数的先验分布。

4)梯度优化(Gradient Optimization)

有些模型的超参数可以通过梯度优化的方法来调优,例如深度神经网络中的学习率等。梯度优化方法通过计算损失函数对超参数的梯度,然后沿着梯度方向更新超参数,不断迭代优化模型性能。

梯度优化的优点是可以通过优化算法来自动调整超参数,但需要选择合适的优化算法和设置合理的初始超参数。

需要注意的是,超参数调优是一项耗时且需要经验和技巧的工作。在进行超参数调优时,应该避免过度拟合训练集和过度依赖验证集的问题,可以使用交叉验证等方法来评估模型的性能。此外,还可以结合领域知识和实际需求来设置超参数的范围和优先级,以更好地指导超参数调优的过程。

3.2.5.6 模型集成

模型集成是指将多个独立的机器学习模型进行组合,以获得比单个模型更好的预测性能和泛化能力的方法。常见的模型集成方法包括投票法,即对多个模型的预测结果进行投票;堆叠法,即将多个模型的预测结果作为新的特征输入到另一个模型中进行预测;集成学习,即将多个模型的预测结果进行加权融合。

下面详细说明了几种常见的模型集成方法:

1)基于投票的集成方法

硬投票(Hard Voting):在分类问题中,多个模型进行预测时,根据少数服从多数的原则,采用投票的方式来决定最终的分类结果。

软投票(Soft Voting):在分类问题中,多个模型进行预测时,根据每个模型预测的概率来加权投票,得到最终的分类结果。

投票集成方法适用于多个独立模型的预测结果具有一定的差异性的情况,通过多个模型的"民主决策"来提高整体预测的准确性。

2)基于平均的集成方法

硬平均(Hard Averaging):在回归问题中,多个模型对同一个样本进行预测时,将多个模型的预测结果直接进行平均,得到最终的预测结果。

软平均(Soft Averaging):在回归问题中,多个模型对同一个样本进行预测时,将多个模型的预测结果的平均概率值进行加权平均,得到最终的预测结果。

平均集成方法适用于多个独立模型的预测结果具有一定的一致性的情况,通过多个模型的"群众智慧"来提高整体预测的准确性。

3)基于堆叠的集成方法

堆叠集成方法通过构建多层模型堆叠来进行集成。在第一层中,多个不同的模型对样本进行预测,然后将这些预测结果作为输入,作为第二层模型的训练数据。第二层模型对第一层模型的预测结果进行再次预测,得到最终的预测结果。

堆叠集成方法适用于更复杂的问题,可以通过将不同模型的预测结果进行组合,从而获得更强大的预测能力。

4)增强学习(Boosting)

增强学习是一种逐步提升模型性能的集成方法,通过迭代地训练一系列弱学习器(通常是决策树),每次训练都在前一次训练结果的基础上加权调整样本权重,使得后一次训练更加关注前一次训练中分类错误的样本。

增强学习方法通过将多个弱学习器的预测结果进行加权组合,得到最终的预测结果。常见的增强学习算法包括 AdaBoost、Gradient Boosting 和 XGBoost 等。

需要注意的是,模型集成可以提高模型的稳定性和泛化能力,并减少过拟合的风险。在进行模型集成时,应该选择不同的模型进行组合,以使得模型之间的预测结果有差异性。此外,还可以通过交叉验证等方法来评估和优化集成模型的性能。

3.2.5.7 模型部署和优化

模型部署是指将训练好的机器学习模型应用到实际生产环境中,使其能够对新的输入数据进行预测或推理,以解决实际问题。模型优化是指对已部署的模型进行性能和效果的改进,以提高其预测准确性、响应速度或者其他指标。优化包括模型压缩,减少模型的大小和计算复杂度;模型加速,提高模型的推理速度;模型剪枝,减少模型的参数和计算量等。

下面详细说明模型部署和优化的几个关键方面:

1)环境配置和依赖管理

在将模型部署到生产环境之前,需要确保目标环境中有适当的软硬件配置和依赖库,以支持模型的运行。这可能包括安装特定版本的机器学习库、操作系统以及其他必需的软件和硬件组件。

2)模型转换和序列化

在部署模型之前,通常需要将训练好的模型从训练环境中导出,并将其转换为可在生产环境中使用的格式。这可能涉及模型的序列化、压缩、编码或格式转换等操作。

3)资源管理和并发性

在部署模型时,需要考虑模型的资源需求和可用性,以确保能够满足模型的计算和存储需求。此外,还需要考虑并发性,即模型能够同时处理多个请求或批处理数据。

4)监控和日志记录

在部署后,需要建立监控系统来追踪模型的性能指标、预测质量和系统健康状况。这可以帮助及时发现和解决潜在的问题,并优化模型的性能。

5) 模型优化

模型优化可以在部署后进行,目的是提高模型的预测性能和效率。这可能包括调整模型的超参数、优化特征工程、改进数据预处理方法、使用更大的训练集、改进模型架构等。

6) 模型压缩

模型压缩是通过减少模型的存储空间来降低模型的存储和传输成本。常见的模型压缩方法包括:

(1) 权重量化。使用较低位数的数据类型(如 8 位整数)来表示模型的权重,从而减少模型的存储空间。

(2) 矩阵分解。对模型的权重矩阵进行分解,将其表示为两个或多个较小的矩阵的乘积形式,从而减少参数数量。

(3) 剪枝。通过去除权重接近于零的连接或移除不重要的神经元来减少模型的大小。

7) 模型加速

模型加速是通过减少模型的推理时间来提高模型的效率。常见的模型加速方法包括:

(1) 硬件加速。使用专用硬件(如 GPU、TPU 等)来加速模型的推理过程。

(2) 模型量化。减少模型的计算复杂度,如使用低精度的计算来替代高精度的计算,以加快模型的推理速度。

(3) 模型并行化。将模型的计算任务分配给多个计算设备(如多个 GPU)同时执行,以加速模型的推理过程。

8) 模型剪枝

模型剪枝是通过移除不重要的权重或神经元来减少模型的大小和复杂度。常见的模型剪枝方法包括:

(1) 基于权重的剪枝。通过设定一个阈值,移除权重绝对值小于该阈值的连接或权重。

(2) 基于梯度的剪枝。通过分析梯度信息,移除对梯度影响较小的连接或权重。

(3) 基于敏感度的剪枝。通过分析模型对输入的敏感度,移除对敏感度影响较小的神经元。

9) 自动化和持续集成/部署

为了更高效地进行模型部署和优化,可以使用自动化工具和流程,例如持续集成/部署(CI/CD)管道。这可以帮助自动化模型的构建、测试、部署和优化,并减少人工干预的需求。

需要注意的是,模型部署和优化是一个迭代的过程,可能需要多次尝试和改进。同时,模型部署和优化的具体步骤和方法也会因应用场景和需求的不同而有所差异。

以上每个技术都在不同的环节起着重要的作用,从数据预处理到模型部署,都需要综合运用这些技术来构建和优化机器学习系统。这些技术在不同的环节起着重要的作用,通过综合应用这些技术,可以构建和优化高性能的机器学习系统。

3.3 机器学习应用领域及模型

3.3.1 机器学习开发平台

TensorFlow：由 Google 开发的开源机器学习框架，提供了丰富的 API 和工具，支持各种类型的机器学习任务，包括图像识别、自然语言处理等。（官网：https://tensorflow.google.cn/）

PyTorch：由 Facebook 开发的开源机器学习框架，以动态计算图的方式进行模型构建，提供了易于使用的 API 和工具，广泛应用于深度学习领域。（官网：https://pytorch.org/）

scikit-learn：一个基于 Python 的机器学习库，提供了丰富的机器学习算法和工具，适用于各种机器学习任务，包括分类、回归、聚类等。（官网：https://scikit-learn.org/stable/）

Keras：一个高级神经网络库，建立在 TensorFlow 或 Theano 之上，提供了简洁易用的 API，适用于构建神经网络模型。（官网：https://keras.io/）

Microsoft Azure Machine Learning：微软开发的机器学习云服务平台，提供了丰富的工具和服务，支持从数据准备到模型训练和部署的全流程。（官网：https://azure.microsoft.com/zh-tw/products/machine-learning/）

Amazon SageMaker：亚马逊开发的机器学习云服务平台，提供了一系列的工具和服务，包括数据标注、模型训练和部署等功能。（官网：https://aws.amazon.com/cn/pm/sagemaker/）

Google Cloud AI Platform：谷歌云开发的机器学习平台，提供了丰富的工具和服务，包括数据处理、模型训练和部署等功能。（https://github.com/googleapis/python-aiplatform）

3.3.2 机器学习应用领域

机器学习的应用范围非常广泛，涵盖了许多不同领域。以下是一些常见的机器学习应用领域：

(1)自然语言处理。机器学习在自然语言处理领域可以用于文本分类、情感分析、机器翻译、语音识别等任务。

(2)图像和视觉识别。机器学习可以用于图像分类、目标检测、人脸识别、图像生成等任务，广泛应用于计算机视觉领域。

(3)推荐系统。机器学习可以用于构建个性化推荐系统，根据用户的历史行为和喜好来推荐商品、音乐、电影等内容。

(4)欺诈检测。机器学习可以用于欺诈检测，通过分析用户的交易模式和行为来识别潜在的欺诈行为。

(5)医疗诊断。机器学习可以用于医学图像分析、疾病预测、药物发现等任务，帮助医生进行疾病诊断和治疗。

(6)金融风控。机器学习可以用于信用评分、反欺诈、风险管理等任务，帮助金融机构降低风险和提高效率。

(7)智能交通。机器学习可以用于交通流量预测、道路安全分析、智能驾驶等任务,提高交通系统的效率和安全性。

(8)物联网。机器学习可以用于物联网设备数据的分析和预测,实现智能家居、智能城市等应用。

(9)能源管理。机器学习可以用于能源消耗预测、电力负荷调度等任务,提高能源利用效率和可持续性。

(10)市场营销。机器学习可以用于用户行为分析、市场预测、广告定向投放等任务,帮助企业提升营销效果。

(11)自动驾驶。机器学习在自动驾驶领域可以用于感知、决策和控制,帮助车辆实现智能驾驶功能。

(12)航空航天。机器学习可以用于飞行控制、导航系统、无人机控制等任务,提高航空航天系统的效率和安全性。

(13)农业领域。机器学习可以用于农作物病虫害识别、土壤肥力预测、农田灌溉等任务,提高农业生产的效率和可持续性。

(14)教育领域。机器学习可以用于个性化教育、智能作业评估、学生表现预测等任务,提供更好的教育体验和学习支持。

(15)社交媒体。机器学习可以用于社交媒体分析、情感分析、用户推荐等任务,提供个性化的社交媒体体验和内容推荐。

(16)人工智能助手。机器学习可以用于构建智能助手,如语音助手、机器人助手等,提供智能化的人机交互和服务。

(17)资源管理。机器学习可以用于资源调度、优化和管理,如电力调度、供应链管理等,提高资源利用效率和降低成本。

(18)环境保护。机器学习可以用于环境监测、物种保护、气候预测等任务,帮助保护环境和可持续发展。

这些只是机器学习应用的一些例子,实际上机器学习的应用范围非常广泛,几乎涵盖了所有领域。随着技术的进步和应用场景的不断拓展,机器学习的应用还将继续增加。

3.3.3 机器学习常见模型

3.3.3.1 线性回归模型

线性回归是一种常见的机器学习模型,用于建立自变量(或特征)与因变量之间的线性关系。通过拟合一个线性方程来建立输入特征和输出之间的关系。

线性回归模型的目标是找到最佳的直线(或超平面),以最小化预测值与真实值之间的误差。下面详细说明线性回归模型的相关概念和原理:

1)模型表达

线性回归模型的表达形式为:$y = w \times x + b$,其中 y 为因变量(待预测的目标值),x 为自变量(特征值),w 为权重(或系数),b 为偏置(或截距)。

对于多个特征的情况,模型表达为:$y = w_1 \times x_1 + w_2 \times x_2 + \cdots + w_n \times x_n + b$。

2)模型训练

模型训练的目标是找到最佳的权重和偏置,使预测值与真实值之间的误差最小化。常用的误差度量指标是均方误差(MSE),即预测值与真实值之差的平方的平均值。

训练过程一般使用最小二乘法或梯度下降法来最小化误差。最小二乘法通过求解闭式解来直接得到最优解,而梯度下降法通过迭代更新权重和偏置来逐步优化模型。

3)模型评估

在训练完成后,需要对模型进行评估,以验证其预测性能。常用的评估指标包括均方误差(MSE)、均方根误差(RMSE)、平均绝对误差(MAE)等。[1]

此外,还可以使用 R^2(决定系数)来评估模型的拟合程度,其值介于 0 和 1 之间,越接近 1 表示模型拟合得越好。

4)模型扩展

线性回归模型可以通过引入多项式特征或交互特征来扩展其表达能力,从而更好地拟合非线性关系。

此外,还可以应用正则化技术(如 L1 正则化、L2 正则化)来防止过拟合,并提高模型的泛化能力。

线性回归模型是一种简单而有效的机器学习模型,适用于许多回归问题。然而,它对特征与目标之间的关系假设为线性,因此对于非线性的数据或问题可能表现不佳。在实际应用中,需要根据具体数据集和任务的特点来选择合适的模型。

3.3.3.2 逻辑回归模型

逻辑回归是一种经典的机器学习模型,用于解决二分类问题。通过拟合一个逻辑函数来预测样本属于某个类别的概率。与线性回归不同,逻辑回归模型的输出是一个概率值,表示样本属于某一类别的概率。下面详细说明逻辑回归模型的相关概念和原理。

1)模型表达

逻辑回归模型通过逻辑函数(或称为 sigmoid 函数)将线性回归的结果映射到 0 到 1 之间的概率值。模型的表达形式为:$P(y=1|x) = \text{sigmoid}(w \times x + b)$,其中 $P(y=1|x)$ 表示给定自变量 x 时,y 等于 1 的概率,w 为权重,b 为偏置。

2)模型训练

模型的训练目标是找到最佳的权重和偏置,使得预测的概率与真实的标签尽可能接近。常用的损失函数是交叉熵损失函数,用于衡量预测概率与真实标签之间的差异。训练过程通过最小化交叉熵损失函数来优化模型。

通常使用梯度下降等优化算法来更新权重和偏置,逐步减小损失函数,直到达到收敛。

3)模型预测

在模型训练完成后,可以使用训练好的权重和偏置来进行预测。

---

[1] 郭元凯.基于 XGBoost 的混合模型在股票预测中的应用研究[D].兰州:兰州理工大学,2020.

对于二分类问题,通常将概率值大于 0.5 的样本预测为正类(1),小于等于 0.5 的样本预测为负类(0)。

4) 模型评估

常用的评估指标包括准确率、精确率、召回率、F1 分数等。❶

准确率表示模型正确预测的样本比例,精确率表示模型预测为正类的样本中真正为正类的比例,召回率表示真正为正类的样本中被模型预测为正类的比例,F1 分数是精确率和召回率的调和均值。

除了二分类问题,逻辑回归模型还可以通过一些技巧扩展到多分类问题,例如使用一对多(One-vs-Rest)或一对一(One-vs-One)策略。

逻辑回归模型是一种简单而常用的机器学习模型,适用于许多二分类问题。它具有较好的可解释性和计算效率,并且可以通过正则化技术来防止过拟合。然而,逻辑回归模型对于非线性问题或特征间的复杂关系可能表现不佳。在实际应用中,需要根据具体情况选择适合的模型。

3.3.3.3 决策树模型

决策树是一种常用的机器学习模型,用于解决分类和回归问题。通过一系列的决策规则来进行分类或回归的模型,采用树状结构来表示决策规则,并根据输入特征对样本进行划分或预测。下面详细说明决策树模型的相关概念和原理。

1) 树结构

决策树由节点和边组成,每个节点表示一个特征或属性,边表示特征的取值或属性的取值。树的顶部称为根节点,它代表了最重要的特征,树的底部称为叶节点,代表了最终的分类或回归结果。

2) 特征选择

决策树的构建过程中,需要选择最佳的特征来进行划分。常用的特征选择方法有信息增益、信息增益比、基尼指数等。❷ 这些方法都是通过计算特征对于目标变量的重要性来选择最优特征。

3) 决策规则

决策树的每个内部节点都对应一个决策规则,根据特征的取值判断样本应该向左子树还是右子树进行划分。叶节点对应最终的分类或回归结果。

4) 模型构建

决策树的构建过程是一个递归的过程,从根节点开始,逐步划分子节点,直到满足停止条件。常用的停止条件包括节点中样本数量小于一定阈值、节点中样本属于同一类别、节点

---

❶ 蔡木生.基于智能手机传感器的人体行为识别技术研究与实践[J].单片机与嵌入式系统应用,2022,22(3):56-60,65.

❷ 王帅,岳鹏飞,董晗睿,等.基于机器学习的织物疵点检测[J].纺织科技进步,2020(10):25-30.

中特征取值一致等。

常用的决策树算法有 ID3、C4.5、CART 等。ID3 算法使用信息增益作为特征选择准则,C4.5 算法使用信息增益比,CART 算法使用基尼指数。这些算法有不同的特点和适用范围。

5)模型预测

在模型训练完成后,可以使用训练好的决策树对新样本进行预测。从根节点开始,根据样本的特征值逐步向下遍历树,最终到达叶节点,得到预测结果。

6)模型评估

决策树的评估指标包括准确率、召回率、精确率、F1 分数等。与其他模型相比,决策树具有较好的可解释性和可视化性,但容易过拟合和不稳定性。

决策树模型是一种简单而直观的机器学习模型,适用于许多分类和回归问题。它能够处理离散和连续特征,具有较好的可解释性和可视化性。然而,决策树容易受到数据噪声和特征选择的影响,可以通过剪枝、集成学习等方法来改善模型性能。在实际应用中,需要根据具体情况选择适合的模型。

3.3.3.4 随机森林模型

随机森林是一种集成学习方法,由多个决策树组成,用于解决分类和回归问题。它通过随机选择样本和特征来构建多个决策树,并通过投票或平均的方式进行预测。下面详细说明随机森林模型的相关概念和原理。

1)随机选择样本

随机森林使用自助采样法(bootstrap sampling)从原始数据集中随机选择样本进行训练。[1] 自助采样允许一个样本在一个决策树的训练集中出现多次,同时也有部分样本未被选择到。

2)随机选择特征

在每个决策树的节点划分过程中,随机森林只考虑一部分特征的子集。通常会随机选择特征的个数,而不是使用所有的特征。这样可以降低特征间的相关性,提高模型的多样性。

3)决策规则

随机森林中的每个决策树都有自己的决策规则,用于划分节点和进行预测。每个决策树根据特征的取值选择最佳的划分策略,直到满足停止条件。

4)投票或平均方式

在预测阶段,随机森林通过投票或平均的方式来得到最终的结果。对于分类问题,每个决策树投票给出一个预测类别,最终的预测结果是票数最多的类别。对于回归问题,每个决

---

[1] 王闻祎.网页篡改检测系统设计与实现[D].成都:西南交通大学,2019.

策树给出一个预测值,最终的预测结果是所有决策树预测值的平均值。

5)模型构建

随机森林的构建过程是一个并行的过程,每个决策树可以独立地进行构建。可以使用多线程或分布式计算来加速模型的训练过程。在构建过程中,可以设置决策树的数量、最大深度、停止条件等参数。

6)模型评估

随机森林的评估指标与决策树类似,包括准确率、召回率、精确率、F1分数等。随机森林通过集成多个决策树的结果,具有较好的泛化能力和鲁棒性,能够减少过拟合问题。

随机森林模型是一种强大的机器学习模型,在许多实际问题中都有广泛应用。它具有较好的准确性和稳定性,对于处理高维数据和处理噪声数据具有一定的鲁棒性。然而,随机森林模型的训练和预测时间较长,模型也较为复杂,需要进行参数调优和模型选择。在实际应用中,需要根据具体情况选择适合的模型。

3.3.3.5 支持向量机模型

支持向量机(Support Vector Machine,SVM)是一种常用的监督学习模型,用于解决分类和回归问题。SVM的核心思想是找到一个最优的超平面,将不同类别的样本分开,并使得离超平面最近的样本点到超平面的距离最大化。下面详细说明支持向量机模型的相关概念和原理:

1)线性可分情况

在线性可分的情况下,SVM尝试找到一个超平面,使得将不同类别的样本点完全分开。这个超平面由一条直线(对于二维情况)或一个超平面(对于高维情况)表示。

2)间隔和支持向量

SVM通过最大化样本点到超平面的距离(也称为间隔)来找到最优的超平面。支持向量是离超平面最近的样本点,它们决定了超平面的位置和方向。只有支持向量对于超平面的位置和方向有影响,其他样本点不会改变最优超平面的位置。

3)软间隔和松弛变量

在实际问题中,数据往往不是完全线性可分的,存在一些异常点或噪声。为了允许一定的错误分类,SVM引入了软间隔和松弛变量。松弛变量允许一些样本点出现在错误的一侧,同时在目标函数中引入惩罚项来平衡间隔的最大化和误分类的最小化。

4)核函数

SVM可以通过使用核函数将数据映射到一个高维特征空间中,从而在低维空间中非线性可分的问题上实现线性可分。常用的核函数有线性核、多项式核、高斯核等。核函数的选择需要根据数据的特点和问题的要求。

5)模型训练和预测

SVM的模型训练过程是一个凸优化问题。通过解决对偶问题和使用拉格朗日乘子法,可以得到最优的超平面参数。模型预测时,根据样本点与超平面的位置关系,将样本分为不同的类别。

6)模型评估

SVM 的评估指标与其他分类模型类似,包括准确率、召回率、精确率、F1 分数等。SVM 通过最大化间隔来降低模型的泛化误差,具有一定的鲁棒性和较好的泛化能力。

支持向量机模型是一种强大的机器学习模型,在许多实际问题中都有广泛应用。它能够处理线性可分和非线性可分的问题,并具有较好的泛化能力。然而,SVM 的模型复杂度较高,训练时间较长,对于大规模数据集和高维数据的处理有一定的挑战。在实际应用中,需要根据具体问题选择合适的核函数和调优模型参数,以获得最佳的性能。

3.3.3.6 K 近邻模型

K 近邻(K-Nearest Neighbors,KNN)是一种常用的监督学习模型,通过计算样本之间的距离来解决分类或回归的问题。预测新样本的标签或数值与其最近邻样本的标签或数值相似。

KNN 的核心思想是根据样本之间的相似性,将测试样本与训练集中的 K 个最近邻样本进行比较,根据多数表决原则或加权平均值来进行预测。下面详细说明 K 近邻模型的相关概念和原理。

1)距离度量

在 KNN 中,需要定义样本之间的距离度量方法,常用的距离度量方法有欧氏距离、曼哈顿距离和闵可夫斯基距离等。距离度量方法的选择取决于数据的特点和问题的需求。

2)K 值的选择

KNN 通过选择 K 个最近邻样本来进行预测。K 值的选择是一个重要的问题,一般来说,较小的 K 值会使模型更加敏感,容易受到噪声的影响,而较大的 K 值可能导致模型过于平滑,忽略了样本的细节。K 值的选择需要根据具体的问题和数据集进行调优。

3)分类和回归问题

KNN 可以用于分类和回归问题。对于分类问题,KNN 通过多数表决(投票)的方法,将测试样本归类为与其 K 个最近邻样本属于同一类别的类别。对于回归问题,KNN 通过计算 K 个最近邻样本的加权平均值,预测测试样本的输出值。

4)特征归一化

在使用 KNN 之前,通常需要对特征进行归一化处理。这是因为不同特征的值范围可能不同,如果不进行归一化,某些特征可能会对距离度量产生更大的影响,从而影响模型的准确性。

5)模型训练和预测

KNN 是一种懒惰学习(Lazy Learning)算法,它在训练阶段仅仅存储了训练样本,而没有进行显式的模型训练。在预测阶段,KNN 会计算测试样本与训练样本之间的距离,并选择 K 个最近邻样本进行预测。

6) 模型评估

KNN 的评估指标与其他分类或回归模型类似,包括准确率、召回率、精确率、F1 分数等。KNN 的性能很大程度上依赖于 K 值的选择和距离度量方法的合理性。

K 近邻模型是一种简单而有效的机器学习模型,在许多实际问题中都有广泛应用。它不需要对数据做出任何假设,可以处理非线性和复杂的问题。然而,KNN 的计算复杂度较高,对于大规模数据集和高维数据的处理有一定的挑战。此外,KNN 对于数据的分布和密度有一定的敏感性。在实际应用中,需要根据具体问题选择合适的距离度量方法和调优 K 值,以获得最佳的性能。

3.3.3.7 神经网络模型

神经网络(Neural Network)是一种模仿人脑神经元网络结构和工作原理的机器学习模型。它由多个神经元(节点)组成的层级结构,通过学习权重和偏置来进行分类或回归。每个神经元接收一组输入,并产生一个输出。下面详细说明神经网络模型的相关概念和原理。

1) 神经元结构

神经元是神经网络的基本单元,它接收多个输入信号,通过权重和偏置进行加权求和,并通过激活函数进行非线性转换,最终产生一个输出。常用的激活函数有 Sigmoid、ReLU 和 Tanh 等。

2) 网络层结构

神经网络由多个层级组成,通常包括输入层、隐藏层和输出层。输入层接收原始数据作为输入,隐藏层用于学习数据的特征表示,输出层产生最终的预测结果。隐藏层和输出层的神经元可以根据问题的复杂性和数据的特点进行灵活设计。

3) 前向传播

前向传播是神经网络中的一种计算方式,它从输入层开始,逐层传播信号,直到输出层产生预测结果。在每个神经元中,通过加权求和和激活函数的计算得到下一层神经元的输入。前向传播过程是通过矩阵运算和向量化实现的,提高了计算效率。

4) 反向传播

反向传播是神经网络中的一种学习方式,通过计算损失函数对网络中参数(权重和偏置)的梯度,然后利用梯度下降法对参数进行更新。反向传播的过程是从输出层开始,逐层计算梯度,并将梯度传播回前面的层级。反向传播可以有效地更新网络参数,使其逐渐逼近最优解。

5) 损失函数

损失函数用于衡量神经网络的预测结果与真实值之间的差距。❶ 常用的损失函数有均

---

❶ 姜瑾.基于机器视觉的选煤流程闸板群开度及控制系统研究[D].北京:中国矿业大学,2020.

方误差(MSE)、交叉熵(Cross-Entropy)和对数损失函数(Log Loss)等,选择合适的损失函数取决于问题的类型和目标的要求。

6) 模型训练和预测

神经网络的训练过程包括多次迭代,每次迭代都通过前向传播计算预测结果,并通过反向传播更新参数。训练过程会使模型逐渐学习数据的特征表示和模式。在预测阶段,通过前向传播将新的输入数据传递到网络中,得到预测结果。

7) 模型评估

神经网络的评估指标与其他分类或回归模型类似,包括准确率、召回率、精确率、F1 分数等。在训练过程中,通常会将数据集划分为训练集和验证集,用于评估模型的性能和调整参数。

神经网络模型可以适用于各种机器学习任务,包括图像分类、语音识别、自然语言处理等。它具有强大的表达能力和学习能力,可以自动从数据中学习到特征表示,并进行复杂的非线性建模。然而,神经网络模型的训练过程通常需要大量的数据和计算资源,同时对于超参数的选择和调优也有一定的挑战。在实际应用中,需要根据具体问题和数据的特点选择合适的神经网络结构和算法,以获得最佳的性能。

3.3.3.8　集成学习模型

集成学习(Ensemble Learning)是一种机器学习方法,通过将多个弱学习器(Weak Learners)组合成一个强学习器(Strong Learner),以提高模型的预测性能和鲁棒性。下面详细说明集成学习模型的相关概念和原理。

1) 弱学习器

弱学习器是指预测准确率略高于随机猜测的学习器。它可以是简单的分类器或回归器,如决策树、逻辑回归、支持向量机等。弱学习器的预测性能可能有限,但可以通过集成方式提高整体性能。

2) 集成方式

集成学习通过将多个弱学习器组合形成强学习器。常用的集成方式包括投票法(Voting)、平均法(Averaging)、堆叠法(Stacking)和 Boosting 等。

投票法是指将多个弱学习器的预测结果进行投票或加权投票,选择得票最多的结果作为集成模型的输出。

平均法是指将多个弱学习器的预测结果进行平均或加权平均,得到最终的预测结果。

堆叠法是指将多个弱学习器的预测结果作为输入,通过一个元学习器(Meta Learner)进行进一步的训练和预测。

Boosting 是指按顺序训练多个弱学习器,每个弱学习器根据前一个学习器的预测结果进行调整,以逐步提高整体性能。常用的 Boosting 方法有 AdaBoost、Gradient Boosting 和 XGBoost 等。

3）Bagging 和随机森林

Bagging（Bootstrap Aggregating）是一种基于自助采样的集成学习方法。[1] 它通过对原始数据集进行有放回的重采样，构建多个不同的训练集，然后分别训练多个弱学习器，并将它们的预测结果进行平均或投票。随机森林（Random Forest）是 Bagging 的一种常用实现，它使用决策树作为弱学习器，并引入随机特征选择和决策树的随机生长过程，增加模型的多样性和泛化能力。

4）Boosting 方法

Boosting 是一种迭代的集成学习方法，通过逐步提高弱学习器的权重，使其更加关注错误分类样本，以获得更好的整体性能。Boosting 方法根据弱学习器的权重调整策略的不同，可以分为 AdaBoost、Gradient Boosting 和 XGBoost 等。

AdaBoost（Adaptive Boosting）是 Boosting 的一种经典方法，它根据弱学习器的表现调整样本权重，并通过加权投票的方式得到最终的预测结果。

Gradient Boosting 通过迭代地拟合残差，不断更新弱学习器的权重，以减小整体误差。常用的 Gradient Boosting 方法包括 Gradient Boosting Machine（GBM）和 XGBoost。

XGBoost（Extreme Gradient Boosting）是一种优化的 Gradient Boosting 方法，通过引入正则化、自定义损失函数和并行计算等技术，提高了模型的性能和效率。

集成学习模型可以有效地减小模型的方差，提高模型的泛化能力和鲁棒性。它可以在处理复杂问题和大规模数据时提供更好的性能。然而，集成学习也会增加模型的复杂性和训练时间，需要合理选择集成方式和参数设置。在实际应用中，可以根据问题的特点和数据的分布选择适合的集成学习方法，并结合交叉验证和调参技巧进行模型调优。

3.3.3.9 聚类模型

聚类（Clustering）是机器学习中一种无监督学习方法，用于将数据集中的样本划分为不同的组或簇，使得同一组内的样本相似度较高，不同组之间的样本相似度较低。下面详细说明机器学习中的聚类模型的相关概念和原理。

1）距离度量

聚类算法通常使用距离度量来衡量样本之间的相似度或距离。常用的距离度量包括欧氏距离（Euclidean Distance）、曼哈顿距离（Manhattan Distance）、余弦相似度（Cosine Similarity）等。

2）Kmeans 聚类

K-means 聚类是一种常用的划分聚类方法。它假设样本属于 K 个不同的簇，通过最小化簇内样本与簇中心之间的平方距离之和，来确定簇中心和簇的划分。K-means 聚类的步骤包括初始化簇中心、计算样本与簇中心之间的距离、更新样本所属的簇，迭代执行直到簇中心稳定或达到最大迭代次数。

---

[1] 赵学彤，杨亚东，渠鸿竹，等. 组学时代下机器学习方法在临床决策支持中的应用[J]. 遗传，2018，40(9)：693-703.

3）层次聚类

层次聚类是一种自底向上或自顶向下的聚类方法,通过计算样本之间的相似度或距离,逐渐合并或分割样本,形成层次结构的聚类结果。常用的层次聚类方法包括凝聚层次聚类(Agglomerative Hierarchical Clustering)和分裂层次聚类(Divisive Hierarchical Clustering)。

4）密度聚类

密度聚类是一种基于样本之间密度的聚类方法,它将样本密度较大的区域划分为簇,并将边界上的样本归为噪声或异常点。常用的密度聚类方法包括 DBSCAN(Density-Based Spatial Clustering of Applications with Noise)和 OPTICS(Ordering Points To Identify the Clustering Structure)。

5）基于模型的聚类

基于模型的聚类方法假设样本数据可以由特定的概率分布生成,通过对数据分布进行建模,来实现聚类的目标。常用的基于模型的聚类方法包括高斯混合模型聚类(Gaussian Mixture Model Clustering)和潜在狄利克雷分配聚类(Latent Dirichlet Allocation Clustering)。

聚类模型可以在无监督学习任务中发现数据中的潜在结构和模式,用于数据分析、图像处理、推荐系统等领域。然而,聚类模型的性能和结果质量受到数据分布、距离度量、聚类算法的选择和参数设置等因素的影响。在实际应用中,可以根据问题的特点和数据的性质选择合适的聚类模型,并使用评估指标如轮廓系数(Silhouette Coefficient)和 Calinski-Harabasz 指数(Calinski-Harabasz Index)等来评估聚类结果的质量。

3.3.3.10 降维模型

降维(Dimensionality Reduction)是机器学习中常用的一种技术,用于减少高维数据集的特征维度,同时保留数据的关键信息。降维模型可以帮助我们解决高维数据的问题,降低计算复杂度、减少存储空间,并可以可视化数据,同时可以提高机器学习模型的性能和预测准确度。下面详细说明机器学习中的常见降维模型的相关概念和原理。

1）主成分分析(Principal Component Analysis,PCA)

主成分分析是一种常用的线性降维方法,通过找到原始数据中最具信息量的主成分来表示数据。主成分是原始数据在特征空间中的方向,具有最大的方差,即保留了最多的信息。PCA 的步骤包括计算协方差矩阵、计算特征向量和特征值、选择主成分、投影数据和重建数据。

2）线性判别分析(Linear Discriminant Analysis,LDA)

线性判别分析是一种常用的降维方法,主要应用于分类问题。LDA 通过寻找最佳的投影方向,使得在低维空间中不同类别的样本之间的距离最大化,同时相同类别的样本之间的距离最小化。LDA 的步骤包括计算类内散度矩阵和类间散度矩阵、计算特征向量和特征值、选择投影方向、投影数据和分类。

3）流形学习(Manifold Learning)

流形学习是一种非线性降维方法,它通过在高维空间中寻找低维流形结构来表示数据。

流形是指在高维空间中具有局部结构和连续性的低维子空间。常用的流形学习算法包括等距映射（Isomap）、局部线性嵌入（Locally Linear Embedding，LLE）、拉普拉斯特征映射（Laplacian Eigenmaps）等❶。

4）非负矩阵分解（Non-negative Matrix Factorization，NMF）

非负矩阵分解是一种常用的降维方法，适用于非负数据的分解。NMF将非负矩阵分解为两个非负矩阵的乘积，其中一个矩阵表示低维特征表示，另一个矩阵表示特征权重。NMF可以发现数据的潜在结构和特征组合。

5）自编码器（Autoencoder）

自编码器是一种神经网络模型，可以用于无监督的降维。自编码器包括编码器和解码器两部分，通过将输入数据压缩到较低维度的编码表示，并通过解码器将编码表示重建为输入数据。自编码器通过最小化重建误差来学习数据的低维表示。

降维模型的选择取决于数据的特点和问题的需求。在应用降维模型时，需要考虑特征的重要性、保留的信息量、计算和存储开销以及后续任务的需求。评估降维结果的质量可以使用重建误差、投影后的方差解释比例或其他相关指标。

---

❶ 吴晓婷.基于流形学习的数据降维算法的研究[D].大连:辽宁师范大学,2010.

4 机器学习在公路电子文件归档中的应用研究

4.1 电子文件归档应用

机器学习在电子文件归档领域可以应用于自动化文件分类、检索和组织等任务。

4.1.1 文件分类

机器学习可以用于自动将电子文件按照其内容或属性进行分类。通过训练一个分类模型,可以根据文件的文本、元数据或其他特征将文件分配到不同的类别中,从而实现自动化的文件分类。以下是一些常见的方法:

(1)基于文本特征的分类。对于文本文件,可以使用自然语言处理技术提取文本的特征,如词袋模型、TF-IDF 向量等。然后,可以使用监督学习算法(如朴素贝叶斯、支持向量机、深度学习模型等)将文件特征映射到不同的类别。训练模型时,需要一些标记好的文件样本作为训练数据,以便机器学习算法能够学习文件特征与类别之间的关系。

(2)基于元数据的分类。文件的元数据包括文件名、创建时间、修改时间、文件大小等信息。可以使用这些元数据作为输入特征,并应用监督学习算法进行分类。例如,可以使用决策树或随机森林等算法,根据文件的元数据特征进行分类。

(3)结合文本和元数据的分类。通常,将文件的文本内容和元数据结合起来可以得到更好的分类结果。可以将文本特征和元数据特征组合在一起,形成更丰富的特征表示。然后,可以使用各种分类算法进行训练和分类。

(4)无监督学习。如果没有标记好的训练数据,可以使用无监督学习方法进行文件分类。常见的方法是聚类算法,如 K 均值聚类、层次聚类等。这些算法可以自动将文件分成不同的簇,每个簇代表一个类别。然后可以对每个簇进行进一步的分析和命名,以确定簇的含义和类别。

(5)主题建模。主题模型可以帮助识别文件中的主题或话题,并将文件分配到不同的主题类别中。其中,最常用的主题模型是潜在狄利克雷分配(Latent Dirichlet Allocation,LDA)。LDA可以对文本进行主题建模,并根据主题分布将文本分配到不同的主题类别中。

(6)深度学习。深度学习模型在文本分类任务中表现出色,可以自动学习文本的抽象特征表示。常见的深度学习模型包括循环神经网络(RNN)、长短期记忆网络(LSTM)和卷积神经网络(CNN)。这些模型可以直接处理文本数据,将文本映射为固定长度的向量表示,然后使用全连接层进行分类。

无论使用哪种方法,都需要有足够的数据量来进行训练,并且需要对数据进行预处理和特征工程,以提取有用的特征。此外,还需要进行模型选择和调优,以获得最佳的分类结果。

4.1.2 文件检索

机器学习可以应用于文件检索任务,帮助用户快速找到所需的文件。通过构建一个检索模型,可以根据用户的查询信息和文件的特征进行匹配,推荐相关的文件。

(1)文本检索:使用机器学习模型来构建文本检索系统,根据用户输入的关键词或查询语句,从电子文件中找到与之相关的文件。常见的技术包括倒排索引和向量空间模型。机器学习可以用于提取文本特征,优化查询语义理解和匹配算法,提高检索结果的准确性和相关性。

(2)相似文件推荐:利用机器学习算法对已有的文件进行分析和建模,构建文件相似性模型。当用户指定一个文件时,系统可以根据该模型推荐与之相似的文件,帮助用户发现可能相关的文件。

(3)文件标签自动化:机器学习可以自动为电子文件添加标签或关键词,以便用户更容易找到所需的文件。通过训练模型,可以将文件的内容、元数据等特征与标签进行关联,从而自动为文件添加适当的标签。这可以大大提高用户的文件检索效率。

(4)用户行为分析:通过分析用户的文件访问历史、搜索行为等,可以使用机器学习模型来理解用户的需求和偏好,并根据这些信息进行个性化的文件推荐和搜索结果排序。这有助于提供更加个性化和精准的文件检索服务。

(5)基于图像内容的检索:对于图像文件,机器学习可以应用于图像特征提取和相似图像搜索。通过训练深度学习模型,可以将图像转换为特征向量,并根据这些特征向量计算图像之间的相似度,从而实现基于图像内容的文件检索。

总而言之,机器学习可以通过对电子文件内容、元数据和用户行为等进行分析和建模,提供更智能和高效的文件检索服务,帮助用户快速找到所需的文件。

4.1.3 文本提取和标注

机器学习可以用于自动从文件中提取关键信息或标注文件的内容。例如,可以使用自然语言处理技术和文本分类模型来提取文件中的标签、关键词或摘要,以便于文件的搜索和组织。以下是一些常见的方法:

(1)文本分类。使用机器学习算法构建文本分类模型,将文件按照预定义的类别进行标注。例如,可以将文件分类为合同、报告、电子邮件等。这种分类模型可以通过对已有标注的训练数据进行训练来建立,并且可以根据文件的文本内容提取特征并进行分类。

(2)命名实体识别。命名实体识别是一种机器学习技术,用于从文本中识别并提取出具有特定意义的实体,如人名、地名、组织机构等。通过识别和提取文件中的命名实体,可以更好地理解文件的内容并进行标注。

(3)关键词提取。关键词提取是通过机器学习算法自动从文本中提取出最具代表性和重要性的关键词。这些关键词可以作为文件的重要特征,用于后续的搜索和组织。常见的关键词提取方法包括基于统计的算法和基于深度学习的算法。

(4)图像内容分析。对于图像文件,机器学习可以应用于图像内容分析,自动提取图像中的特征和标注。例如,可以使用卷积神经网络(CNN)对图像进行分类、目标检测和图像标注等。

(5)语义理解。机器学习可以应用于语义理解任务,如自然语言处理(NLP)和知识图谱。通过训练模型,可以将文件的文本内容转化为语义表示,以便更好地理解文件的意义和上下文关系。

综上所述,机器学习可以通过训练模型,自动从文件中提取关键信息或标注文件内容,帮助文件的搜索和组织。这些自动提取的信息和标注可以用于文件的分类、关键词搜索和语义理解等任务。

4.1.4 相似度计算

机器学习可以用于计算文件之间的相似度,帮助用户找到相似的文件或进行文件的聚类。通过构建一个相似度度量模型,可以根据文件的内容、结构或其他特征计算文件之间的相似性,从而实现文件的相似性分析和组织。以下是一些常用的方法:

(1)文本编码。将文件的文本内容转化为数值向量表示,以便进行计算。常见的方法包括词袋模型、TF-IDF(词频-逆文档频率)和词嵌入(如Word2Vec和GloVe)。这些技术将文件中的单词或短语编码为密集向量,捕捉到了单词的语义和上下文关系。

(2)相似度计算。使用机器学习算法计算文件之间的相似度。一种常见的方法是余弦相似度,通过计算向量之间的夹角来度量它们的相似程度。其他方法包括欧氏距离、曼哈顿距离和Jaccard相似度等。

(3)基于特征提取的相似度计算。通过使用深度学习模型,例如Siamese网络或孪生网络,可以提取文件的特征表示,并计算这些特征之间的相似度。这种方法可以捕捉到文件的高级语义和语境信息。

(4)聚类算法。利用机器学习中的聚类算法,如K均值聚类、层次聚类和谱聚类等,将相似的文件进行分组。在聚类过程中,相似度计算是确定文件之间关系的关键步骤。聚类算法可以将相似的文件放在同一类别中,帮助用户更好地组织和检索文件。

(5)迁移学习。通过利用已有的训练数据和模型,可以将机器学习应用于计算文件之间的相似度。例如,可以使用在大规模文本数据上预训练的语言模型(如BERT或GPT)来计算文件之间的相似度。这种迁移学习可以提供更好的性能和效果。

总之,机器学习可以通过文本编码、相似度计算、基于特征提取的方法和聚类算法,帮助计算文件之间的相似度,并帮助用户找到相似的文件或进行文件的聚类。这些技术可以提高文件的搜索和组织效率,提供更好的用户体验。

4.1.5　文件排序和推荐

机器学习可以用于根据用户的需求和行为进行文件排序和推荐。通过分析用户的历史文件访问记录和行为模式,可以构建一个个性化的排序或推荐模型,根据用户的偏好和相关性为用户提供适合的文件排序和推荐结果。以下是一些常用的方法:

(1)协同过滤。协同过滤是一种常见的推荐算法,它基于用户-项目(文件)之间的相似性来进行推荐。通过分析用户的行为数据,例如浏览历史、下载记录或收藏夹,可以建立用户对文件的偏好模型。然后,根据用户的偏好和其他用户的行为,推荐与用户兴趣相似的文件。

(2)基于内容的推荐。基于内容的推荐算法使用文件的特征和属性来进行推荐。通过机器学习技术,例如文本分类、情感分析或图像处理,可以提取文件的特征表示。然后,根据用户的需求和行为,选择与用户喜好匹配的文件进行推荐。

(3)基于深度学习的推荐。深度学习模型如神经网络可以学习用户和文件之间的复杂关系,捕捉到更高级别的语义信息。例如,可以使用多层感知器(MLP)或循环神经网络(RNN)等模型,根据用户的历史行为预测用户对文件的喜好,并进行个性化的推荐。

(4)强化学习。强化学习可以用于优化文件推荐的策略。通过建立一个智能代理,根据用户的反馈和行为进行学习和调整。例如,可以使用Q-learning或策略梯度方法,根据用户的点击、下载或评分等行为,调整推荐模型的参数和策略。

(5)迁移学习。通过利用已有的用户行为数据和推荐模型,可以进行迁移学习来进行文件排序和推荐。例如,可以使用在类似领域或相似用户群体上训练的模型,通过迁移学习来提供更好的推荐效果。

综上所述,机器学习可以通过协同过滤、基于内容的推荐、基于深度学习的推荐、强化学习和迁移学习等方法,根据用户的需求和行为进行文件排序和推荐。这些技术可以提供个性化的文件推荐服务,提高用户的满意度和使用体验。

4.1.6　文件重命名

机器学习可以应用于自动化文件重命名任务。通过学习文件的内容、属性或上下文信息,可以生成更有意义和描述性的文件名,提高文件的可理解性和组织性。以下是一些常用的方法:

(1)数据收集。收集具有良好命名的文件和相应的标签或描述信息。这些标签可以是人为提供的,也可以通过其他方式获取,例如文件的属性、文件夹结构等。

(2)特征提取。对收集到的文件和标签进行特征提取。可以使用传统的特征提取方法,如词袋模型、TF-IDF等,或者使用深度学习模型进行特征提取。

(3)模型训练。使用机器学习算法训练文件重命名模型。可以使用监督学习算法,将文件的特征作为输入,将标签或描述信息作为目标输出,训练模型预测文件名。

(4)文件重命名。使用训练好的模型对新的文件进行重命名。将文件的特征输入到模型中,根据模型的输出生成新的文件名。可以根据需要定义一些规则,如截取特定长度、添加特定前缀或后缀等。

(5)模型评估和优化。对模型的性能进行评估和优化。可以使用评估指标,如准确率、召回率等来评估模型的重命名效果。根据评估结果,优化模型的参数和算法,提高重命名的准确性和可理解性。

(6)反馈循环和迭代。收集用户反馈,对模型进行迭代和改进。用户的反馈可以帮助优化模型,提供更有意义和描述性的文件名。

通过以上步骤,可以利用机器学习技术实现自动化文件重命名任务,生成更有意义和描述性的文件名,提高文件的可理解性和组织性。但需要注意,生成的文件名可能需要经过人工审核和调整,以确保生成的文件名符合实际需求和语义准确性。

4.1.7 文件版本控制

机器学习可以用于版本控制系统,帮助用户管理和追踪文件的不同版本。通过分析文件的变化和历史记录,可以预测、比较和合并文件的不同版本,从而实现文件版本控制的自动化。以下是一些常用的方法:

(1)版本特征提取。对于文件的每个版本,可以提取一些特征来表示该版本的内容,例如文件的哈希值、文件大小、文本的词频、图像的特征等。

(2)版本匹配和聚类。使用机器学习算法来匹配和聚类文件的不同版本。可以使用无监督学习算法,如聚类算法(如K-means、DBSCAN等),将具有相似特征的版本归为一类。

(3)版本标记和关联。将匹配和聚类的结果与原始文件关联起来,并为每个版本分配一个标记或编号。这样可以在后续的操作中标识和跟踪不同的版本。

(4)版本控制和追踪。在文件的操作(如修改、复制、删除等)发生时,使用机器学习算法来判断当前的操作是否需要创建新的版本。可以使用监督学习算法,如分类算法,根据文件的特征和历史的操作数据来预测是否需要创建新的版本。

(5)冲突检测和解决。当多个用户同时修改同一个文件时,可能会发生冲突。机器学习可以帮助检测和解决冲突。可以使用机器学习算法来分析文件修改的模式和历史记录,预测是否可能发生冲突,并提供解决冲突的建议。

(6)模型评估和优化。对模型的性能进行评估和优化。可以使用评估指标,如准确率、召回率等,来评估模型的版本控制效果。根据评估结果,优化模型的参数和算法,提高版本控制的准确性和可靠性。

通过以上步骤,可以利用机器学习技术实现文件版本控制,帮助用户管理和追踪文件的不同版本。机器学习可以自动化版本的匹配、标记和控制,并帮助解决冲突,提高文件版本管理的效率和可靠性。

4.1.8 文件安全性检测

机器学习可以应用于检测和预防恶意文件或文件的安全问题。通过训练一个恶意文件检测模型,可以识别和过滤潜在的恶意软件、病毒或其他安全威胁。以下是一些常见的应用方法:

(1)恶意文件检测。通过机器学习算法,可以对文件进行分类,判断其是否为恶意文件。常用的方法包括特征提取和分类器训练。特征提取可以包括文件的哈希值、文件类型、文件结构、代码片段等。分类器可以使用监督学习算法,如支持向量机(SVM)、随机森林、深度学习等,训练一个模型来区分恶意文件和正常文件。

(2)异常检测。通过机器学习算法,可以检测文件中的异常行为或模式。这种方法不依赖于已知的恶意文件列表,而是基于文件的行为或模式的统计分析。可以使用无监督学习算法,如聚类、异常检测等,来发现异常行为并标识可能的恶意文件。

(3)文件特征分析。通过机器学习算法,可以分析文件的特征和属性,以识别可能的安全问题。例如,分析文件的元数据、权限、加密算法、数字签名等,可以发现潜在的安全隐患或漏洞。

(4)行为分析。通过机器学习算法,可以对文件的行为进行分析,以判断其是否具有潜在的安全风险。例如,分析文件的网络通信、系统调用、资源访问等行为,可以发现恶意代码的活动或异常行为。

(5)威胁情报分析。通过机器学习算法,可以分析和挖掘来自威胁情报的数据,以获取关于恶意文件的信息。可以使用自然语言处理技术来处理和分析来自各种来源的威胁情报,识别可能的威胁并采取相应的预防措施。

需要注意的是,恶意文件和文件安全问题的形式不断变化,因此机器学习模型需要不断更新和优化,以适应新的威胁和攻击手段。此外,机器学习算法并非万能的,仍然需要与其他安全措施(如防火墙、入侵检测系统等)结合使用,以提高文件安全性的整体效果。

4.1.9 文件内容生成

机器学习可以用于自动生成文件的内容,例如自动生成摘要、摘录、文档摘要和文件摘要等。通过训练一个生成模型,可以根据输入的文本或属性生成与之相关的文件内容。以下是一些常见的方法:

(1)文本摘要。机器学习可以应用于自动生成文本摘要,即从一篇较长的文本中提取出关键信息,生成简洁的摘要。常用的方法包括基于统计的方法(如 TF-IDF、TextRank)和基于神经网络的方法(如 Seq2Seq、Transformer)。这些方法可以通过对大量文本数据进行训练,学习到文本的语义和结构信息,从而生成准确的摘要。

(2)文件摘要。在文件级别上,机器学习可以用于自动生成文件的摘要。这可以包括提取文件的元数据,如文件名、创建时间、修改时间等,以及对文件内容进行分析和摘录。例如,可以使用自然语言处理技术对文件内容进行分析,提取关键词、短语或段落,从而生成文件的摘要。

(3)摘录生成。机器学习可以学习生成摘录,即从一段文本中提取出关键句子或段落,形成独立的摘录。这可以通过监督学习方法,如序列标注或序列生成模型,对大量标注好的摘录数据进行训练。训练好的模型可以根据输入的文本自动生成与之相关的摘录。

需要注意的是,自动生成文件内容是一个复杂的任务,依赖于大量的训练数据和适当的机器学习算法。此外,生成的摘要可能存在一定的误差或主观性,因此需要进行后续的人工审核和编辑。

4.1.10 特征提取

通过分析档案的内容和属性,提取出有用的特征信息,例如文件类型、创建日期、修改日

期、关键词等。以下是一些常用的特征提取方法:

(1)文件类型。可以通过文件的扩展名或者文件的魔术数字来判断文件类型。例如,通过扩展名".txt"可以确定该文件是文本文件。

(2)创建日期和修改日期。可以提取文件的创建日期和修改日期作为特征。这些日期可以提供一些关于文件的时间相关信息,例如文件是否是最近创建的或最近修改的。

(3)关键词提取。可以使用自然语言处理技术来提取文件中的关键词。常见的方法包括词频统计、TF-IDF(词频-逆文档频率)等。这些关键词可以提供关于文件内容的一些概括性信息。

(4)文本特征。对于文本文件,可以提取一些文本特征,如词数、句子数、段落数等。这些特征可以提供文件的一些结构信息和语言特征。

(5)标题和摘要。对于文章或报告等文档类型,可以提取标题和摘要作为特征。标题和摘要通常包含了文档的主题和核心信息。

(6)图像特征。对于图像文件,可以提取一些图像特征,如颜色直方图、纹理特征、形状特征等。这些特征可以提供图像的一些视觉信息。

总之,特征提取的方法取决于文件的类型和要分析的内容。可以根据具体的应用场景选择合适的特征提取方法,以提取出对于评估文件质量和可读性有用的特征信息。

4.1.11 文件质量评估

机器学习可以应用于评估文件的质量和可读性。通过分析文件的结构、语法、语义等特征,可以自动评估文件的质量和可读性,并为用户提供改进建议。可以尝试以下方法:

(1)特征提取。首先,需要从文件中提取相关特征,这些特征可以包括词频、句子长度、段落数等。此外,还可以考虑使用自然语言处理技术,如词性标注、命名实体识别等,来提取更高级的语义特征。

(2)标记数据集。为了训练机器学习模型,需要准备一个标记好的数据集,其中包含了各种质量和可读性的文件样本。标记可以是离散的标签,如好、中、差,也可以是连续的得分。

(3)建立模型。根据提取的特征和标记的数据集,可以选择合适的机器学习算法建立模型。常见的算法包括决策树、支持向量机、随机森林等。此外,也可以尝试使用深度学习模型,如循环神经网络(RNN)、长短期记忆网络(LSTM)等。

(4)训练和评估模型。将数据集划分为训练集和测试集,使用训练集来训练模型,并使用测试集来评估模型的性能。评估指标可以包括准确率、精确率、召回率等。

(5)提供改进建议。训练好的模型可以用于预测新文件的质量和可读性。根据模型的预测结果,可以向用户提供改进建议,如提醒用户修改拼写错误、改进句子结构、增加段落分割等。

需要注意的是,机器学习模型的性能很大程度上依赖于所使用的数据集的质量和规模。因此,在进行训练之前,需要准备一个足够大的标记好的数据集,并确保数据的代表性和多样性。另外,还可以使用交叉验证等技术来进一步验证模型的鲁棒性和泛化能力。

4.2 电子文件归档领域关键技术

4.2.1 文本分类

使用自然语言处理技术,将档案文本进行分类,例如将文档归类为合同、报告、邮件等。以下是一些常见的方法:

(1)数据准备。首先,需要准备一个有标签的训练数据集,其中包含了不同类别的档案文本和对应的类别标签(例如合同、报告、邮件等)。

(2)特征提取。对于每篇档案文本,需要提取一些有用的特征来表示文本的内容。常见的特征包括词频、TF-IDF、词向量等。这些特征可以通过自然语言处理技术来提取。

(3)模型选择与训练。根据问题的需求和数据的特点,选择合适的机器学习模型进行文本分类。常见的模型包括朴素贝叶斯、支持向量机、逻辑回归、深度学习等。将特征和对应的标签输入到模型中进行训练。

(4)模型评估与调参。使用训练好的模型对测试集进行分类,并评估模型的性能。常见的评估指标包括准确率、召回率、F1 值等。根据评估结果,可以对模型进行调参和优化。

(5)预测与应用。使用训练好的模型对新的档案文本进行分类预测。将文本输入到模型中,模型会输出对应的类别标签,从而将档案文本进行分类。

需要注意的是,以上方法仅是一种常见的文本分类方法,具体的实现方式和效果取决于数据的特点和问题的复杂程度。在实际应用中,还可以结合其他技术和方法来提升文本分类的准确性和效果。

4.2.2 图像识别

对于包含图像的档案,使用计算机视觉技术,识别和分类图像内容,例如将照片归类为人物、风景、物品等。以下是一些常见的方法:

(1)数据准备。首先,需要准备一个有标签的训练数据集,其中包含不同类别的图像和对应的类别标签。

(2)特征提取。对于每个图像,需要提取一些有用的特征来表示图像的内容。常见的特征提取方法包括颜色直方图、纹理特征、形状特征等。也可以使用卷积神经网络(CNN)来学习图像的特征表示。

(3)模型选择与训练。根据问题的需求和数据的特点,选择合适的机器学习模型进行图像分类。常见的模型包括支持向量机(SVM)、决策树、随机森林、深度学习模型(如 CNN)等。将特征和对应的标签输入到模型中进行训练。

(4)模型评估与调参。使用训练好的模型对测试集进行图像分类,并评估模型的性能。常见的评估指标包括准确率、召回率、F1 值等。根据评估结果,可以对模型进行调参和优化。

(5)预测与应用。使用训练好的模型对新的图像进行分类预测。将图像输入到模型中,模型会输出对应的类别标签,从而识别和分类图像内容。

需要注意的是,图像分类是计算机视觉领域的一个复杂问题,具体的实现方式和效果取决于数据的特点和问题的复杂程度。在实际应用中,还可以结合其他计算机视觉技术(如目标检测、图像分割)和方法来提升图像分类的准确性和效果。

4.2.3 时间序列分析

对于时间相关的档案,使用时间序列分析技术,预测未来的档案需求和归档策略。以下是一些常见的方法:

(1)数据收集与准备。首先,需要收集与档案需求相关的时间序列数据,例如历史档案需求数据、归档策略的执行情况等。确保数据的准确性和完整性,并将其整理成适合时间序列分析的格式。

(2)数据探索与预处理。对收集到的时间序列数据进行探索性分析,了解数据的特点和趋势。如果数据存在缺失或异常值,需要进行数据清洗和处理,以确保数据的质量。

(3)特征提取与工程。根据对数据的理解和领域知识,提取有用的特征来表示时间序列的特征。例如,可以提取时间序列的趋势、季节性、周期性等特征。

(4)模型选择与训练。根据问题的需求和数据的特点,选择合适的时间序列分析模型进行建模和训练。常用的时间序列分析模型包括自回归移动平均模型(ARMA)、自回归积分移动平均模型(ARIMA)、季节性自回归积分移动平均模型(SARIMA)等。也可以使用深度学习模型如长短期记忆网络(LSTM)来处理复杂的时间序列模式。

(5)模型评估与调参。使用训练好的模型对测试集进行预测,并评估模型的性能。常见的评估指标包括均方根误差(RMSE)、平均绝对百分比误差(MAPE)等。根据评估结果,可以对模型进行调参和优化,以提高预测的准确性和稳定性。

(6)预测与决策。使用训练好的模型对未来的档案需求和归档策略进行预测。根据预测结果,可以制定相应的档案管理策略,包括合理的归档时间、归档容量规划等,以满足未来的档案需求。

需要注意的是,时间序列分析是一种复杂的技术,具体的实现方式和效果取决于数据的特点和问题的复杂程度。在实际应用中,还可以结合其他技术和方法,如季节性分解、趋势分析等,来提升时间序列分析的准确性和效果。同时,及时更新数据和模型,以适应档案需求和归档策略的变化。

4.2.4 聚类分析

机器学习可以使用聚类算法将相似的档案进行聚类,以便更好地组织和检索档案。以下是一些常见的方法:

(1)数据准备。首先,需要准备档案数据集,确保数据的准确性和完整性。每个档案可以表示为一个特征向量,其中每个特征可以是档案的属性,如文件类型、创建日期、修改日期、文件大小等。

(2)特征工程。根据档案的属性,对数据进行特征工程,将其转换为适合聚类算法处理的形式。例如,可以对日期进行处理,提取出季节性、工作日/非工作日等特征。

(3)聚类算法选择。根据问题的需求和数据的特点,选择合适的聚类算法进行档案的聚类。常见的聚类算法包括 K 均值聚类、层次聚类、DBSCAN 等。K 均值聚类是一种常用的算法,通过迭代将数据分为 K 个簇,使得簇内的样本相似度最大化。

(4)模型训练与聚类。使用选择的聚类算法对准备好的特征数据进行模型训练和聚类操作。算法根据数据的相似度度量,将相似的档案分配到同一个簇中。

(5)聚类结果分析与评估。对聚类结果进行分析和评估,以确保聚类的有效性和准确性。可以使用评价指标如簇内距离、簇间距离等来评估聚类的质量。

(6)组织和检索档案。根据聚类结果,将档案组织到对应的簇中。通过聚类,可以实现档案的分组和分类,从而更方便地进行检索和管理。当需要检索特定类型的档案时,可以根据聚类结果快速定位到对应的簇,并进行相应的检索操作。

需要注意的是,聚类算法对于档案的聚类结果可能存在一定的主观性和误差。因此,在实际应用中,需要根据具体需求和问题领域的特点,选择合适的聚类算法和评估指标,以达到较好的组织和检索效果。同时,及时更新数据和调整聚类模型,以适应档案的变化和演化。

4.2.5 异常检测

机器学习可以通过监控档案的属性和行为来检测异常情况,例如未经授权的访问和异常的档案修改。以下是一些常见的方法:

(1)数据收集。首先,需要收集档案的属性和行为数据,以建立训练数据集。属性数据可以包括档案的元数据,如文件类型、大小、创建日期等。行为数据可以包括档案的访问记录、修改记录、操作日志等。

(2)特征提取。根据收集到的数据,提取有代表性的特征。例如,可以提取档案的属性特征,如文件类型、大小与典型档案的属性统计差异。对于行为数据,可以提取访问频率、访问时间间隔、修改次数等特征。

(3)异常标签标注。根据实际的安全规则和业务需求,对特定类型的异常情况进行标签标注。例如,对于未经授权的访问,可以标注为 1;对于正常的访问,可以标注为 0。

(4)监督学习模型训练。使用带有异常标签的数据集,训练一个监督学习模型,如支持向量机(SVM)、随机森林(Random Forest)或深度学习模型如卷积神经网络(CNN)等。模型将学习正常档案的模式,并尝试区分异常档案。

(5)异常检测。使用训练好的模型对新的档案进行异常检测。将档案的属性和行为数据输入到模型中,模型将输出一个异常分数或概率。根据设定的阈值,如果异常分数超过阈值,则判断为异常情况。

(6)异常处理和响应。当检测到异常情况时,可以采取相应的措施进行处理和响应。例如,可以发送警报通知相关人员、记录日志、中断访问权限等。

需要注意的是,异常检测是一个持续的过程,需要不断收集新数据、更新模型并调整阈值。同时,由于异常情况的多样性和变化性,可能存在误报和漏报的情况。因此,需要根据具体情况进行模型调优和优化,以提高检测的准确性和效果。

4.2.6 推荐系统

机器学习可以根据用户的历史行为和偏好来推荐相关的档案,以提高档案的智能归档

效果。以下是一些常见的方法:

(1)数据收集。首先,需要收集用户的历史行为和偏好数据,作为训练数据集。行为数据可以包括用户的档案访问记录、档案修改记录、标记和收藏等操作。偏好数据可以包括用户的兴趣标签、关注的主题等。

(2)特征提取。根据收集到的数据,提取有代表性的特征。例如,可以提取用户的活跃度、参与度、兴趣标签、关注的主题等特征。

(3)监督学习模型训练。使用带有用户反馈的数据集,训练一个监督学习模型,如协同过滤(Collaborative Filtering)、内容过滤(Content Filtering)或深度学习模型如循环神经网络(RNN)等。模型将学习用户的行为模式,并尝试预测用户对档案的兴趣。

(4)推荐档案。使用训练好的模型对用户进行档案推荐。根据用户的历史行为和偏好数据,输入到模型中,模型将输出一个推荐分数或概率。根据分数或概率排序,将与用户最相关的档案推荐给用户。

(5)反馈和迭代。根据用户的反馈和交互行为,不断收集新的数据,并更新模型。用户的反馈可以包括点击率、收藏率、标记率等,用于评估和优化推荐效果。

需要注意的是,档案的智能归档效果受到以下因素的影响:数据质量、特征选择、模型选择和算法优化等。因此,需要根据具体情况进行数据清洗和预处理、特征工程、模型选择和调参等工作,以提高推荐效果。同时,考虑用户的隐私和数据安全,需要合理处理和保护用户的个人信息。

以上这些关键技术可以结合使用,构建一个智能的档案归档系统,提高档案管理的效率和准确性。

4.3 电子文件归档领域常用模型

在电子文件归档领域,机器学习可以使用多种模型来实现不同的任务。

4.3.1 朴素贝叶斯分类器(Naive Bayes Classifier)

朴素贝叶斯分类器是一种基于贝叶斯定理和特征条件独立性假设的分类模型。在电子文件归档中,可以使用朴素贝叶斯分类器来进行文本分类和文件标记。朴素贝叶斯分类器是一种基于贝叶斯定理和特征独立性假设的分类算法,适用于文本分类任务。

以下是使用朴素贝叶斯分类器进行文本分类和文件标记的一般步骤:

(1)数据预处理。首先,需要对电子文件进行预处理,如文本分词、去除停用词、词干化等。这一步骤可以通过使用自然语言处理(NLP)工具库来实现。

(2)特征提取。根据预处理后的文本数据,将其表示为特征向量。常用的特征表示方法包括词袋模型(Bag-of-Words)和TF-IDF(词频-逆文档频率)等。将每个文本转化为一个特征向量,其中每个特征表示一个词语的出现次数或权重。

(3)数据集划分。将预处理和特征提取后的数据集划分为训练集和测试集。通常,大部分数据用于训练分类器,而剩余部分用于评估分类器性能。

(4)训练模型。使用训练集训练朴素贝叶斯分类器模型。朴素贝叶斯分类器基于特征独立性假设,通过计算每个类别下的特征条件概率来估计文本属于每个类别的概率。

(5)文本分类和文件标记。使用训练好的模型对测试集中的文本进行分类和标记。朴素贝叶斯分类器将根据特征向量中的词语出现情况和类别的条件概率,计算文本属于每个类别的概率,并选择概率最高的类别作为文本的分类标签。

(6)模型评估。通过与测试集中的真实标签进行比较,计算分类器的准确率、精确率、召回率等指标,评估分类器性能。

需要注意的是,朴素贝叶斯分类器假设特征之间相互独立,这在实际情况下可能并不成立。因此,在使用朴素贝叶斯分类器进行文本分类和文件标记时,需要根据具体情况对特征进行合理选择和处理,以提高分类器的准确性和性能。

4.3.2 支持向量机(Support Vector Machine,SVM)

支持向量机是一种二分类模型,通过寻找一个最优超平面来将样本进行分类。在电子文件归档中,可以使用支持向量机(Support Vector Machine,SVM)来进行文本分类和文件分类。SVM 是一种监督学习算法,广泛应用于文本分类和模式识别等任务中。

以下是使用支持向量机进行文本分类和文件分类的一般步骤:

(1)数据预处理。首先,需要对电子文件进行预处理,如文本分词、去除停用词、词干化等。这一步骤可以通过使用自然语言处理(NLP)工具库来实现。

(2)特征提取。根据预处理后的文本数据,将其表示为特征向量。常用的特征表示方法包括词袋模型(Bag-of-Words)和 TF-IDF(词频-逆文档频率)等。将每个文本转化为一个特征向量,其中每个特征表示一个词语的出现次数或权重。

(3)数据集划分。将预处理和特征提取后的数据集划分为训练集和测试集。通常,大部分数据用于训练分类器,而剩余部分用于评估分类器性能。

(4)训练模型。使用训练集训练支持向量机模型。支持向量机通过在特征空间中找到一个最优的超平面,将不同类别的文本样本尽可能地分开。

(5)文本分类和文件分类。使用训练好的模型对测试集中的文本进行分类和标记。支持向量机根据特征向量的值及其与超平面的关系,判断文本属于哪个类别。

(6)模型评估。通过与测试集中的真实标签进行比较,计算分类器的准确率、精确率、召回率等指标,评估分类器性能。

(7)在使用支持向量机进行文本分类和文件分类时,还可以考虑使用核函数,如线性核、多项式核或高斯核等,将特征空间映射到更高维度的特征空间,以处理线性不可分或非线性问题。这样可以提高分类器的准确性和性能。

需要注意的是,支持向量机对于大规模数据集和高维特征可能会面临计算复杂度和存储需求上的挑战。因此,在实际应用中,可以考虑使用特征选择或降维技术,以减少特征维度和提高运行效率。

4.3.3 深度神经网络(Deep Neural Networks,DNN)

深度神经网络是一种多层次的神经网络模型,可以通过对大量文本数据进行训练来学习文本的特征表示。在电子文件归档中,深度神经网络(Deep Neural Networks,DNN)也可以用于文本分类、文本聚类等任务。深度神经网络是一种强大的机器学习模型,能够学习到复杂的特征表示和模式识别。

以下是使用深度神经网络进行文本分类和文本聚类的一般步骤:

(1)数据预处理。首先,需要对电子文件进行预处理,如文本分词、去除停用词、词干化等。这一步骤可以使用自然语言处理(NLP)工具库。

(2)特征提取。根据预处理后的文本数据,将其表示为特征向量。在深度神经网络中,常用的特征表示方法是词嵌入(Word Embedding),它将文本中的每个单词映射到一个低维向量空间中,以捕捉单词之间的语义关系。

(3)数据集划分。将预处理和特征提取后的数据集划分为训练集、验证集和测试集。训练集用于训练深度神经网络模型,验证集用于模型选择和调优,测试集用于评估模型性能。

(4)构建深度神经网络。选择适当的深度神经网络结构,如卷积神经网络(Convolutional Neural Network,CNN)或循环神经网络(Recurrent Neural Network,RNN)。这些网络结构可以通过堆叠多个卷积层、全连接层、池化层等来提取不同抽象层次的特征。

(5)训练模型。使用训练集和验证集训练深度神经网络模型。通过反向传播算法和梯度下降优化方法,调整网络权重和偏置,使得模型能够准确地预测文本的类别或进行文本聚类。

(6)文本分类和文本聚类。使用训练好的深度神经网络模型对测试集中的文本进行分类或聚类。通过将文本输入到网络中,根据模型输出的概率或聚类结果,确定文本所属的类别或簇。

(7)模型评估。通过与测试集中的真实标签进行比较,计算分类器的准确率、精确率、召回率等指标,评估深度神经网络的性能。

需要注意的是,深度神经网络通常需要大量的数据和计算资源来训练和调优,并且需要合适的超参数设置。此外,为了避免过拟合,还可以采用一些正则化技术,如dropout和正则化项等。另外,为了提高分类和聚类性能,还可以使用预训练的词向量、注意力机制等技术来增强模型表达能力。

4.3.4 决策树(Decision Tree)

决策树是一种基于树状结构的分类模型,通过不断地对特征进行划分来对样本进行分类。在电子文件归档中,决策树是一种简单而有效的机器学习算法,可以用于对文件进行分类和归档。决策树是一种基于树结构的模型,通过一系列的判断条件来对数据进行分类或预测。

以下是使用决策树进行文件分类和归档的一般步骤:

(1)数据准备。首先,需要准备训练数据集,包括已经被标记的文件及其对应的标签或类别。标签可以是文件所属的部门、文件类型、重要性等。

(2)特征选择。根据文件的属性,选择适当的特征来进行分类。特征可以是文件的格式、大小、关键词、创建时间等。特征应该能够区分文件的不同类别。

(3)构建决策树。使用训练数据集构建决策树模型。决策树的构建过程是递归的,根据选择的特征对数据集进行划分,直到达到终止条件(如达到叶节点或数据集的纯度满足要求)。

(4)决策规则生成。根据构建好的决策树,生成一系列的决策规则。每个叶节点都对应一个规则,从根节点到叶节点的路径上的判断条件构成了该规则。

(5)文件分类和归档。使用构建好的决策树和决策规则,对未标记的文件进行分类和归档。根据文件的属性,沿着决策树的路径进行判断,最终确定文件所属的类别或归档位置。

(6)模型评估。通过与标记好的测试数据集进行比较,评估决策树模型的准确率、精确率、召回率等指标,以确定模型的性能。

决策树算法的优点是易于理解和解释,适用于处理小规模的数据集。然而,决策树容易过拟合训练数据,可能导致在未知数据上的性能下降。为了避免过拟合,可以采用剪枝策略或使用集成学习方法(如随机森林)来提高泛化能力。此外,特征选择的质量对决策树的性能有很大影响,可以使用信息增益、基尼指数等来评估特征的重要性,并选择最具有区分性的特征进行分类。

4.3.5 随机森林(Random Forest)

随机森林是一种集成学习模型,它由多个决策树组成,并通过集体投票的方式决定最终分类结果。在电子文件归档中,随机森林是一种常用的机器学习算法,可以用于文件分类和标记。随机森林是一种集成学习方法,通过构建多个决策树,并综合它们的结果来进行分类。

以下是使用随机森林进行文件分类和标记的一般步骤:

(1)数据准备。准备训练数据集,包括已经被标记的文件及其对应的标签或类别。标签可以是文件所属的部门、文件类型、重要性等。

(2)特征选择。根据文件的属性,选择适当的特征来进行分类。特征可以是文件的格式、大小、关键词、创建时间等。特征应该能够区分文件的不同类别。

(3)构建随机森林。使用训练数据集构建随机森林模型。随机森林由多个决策树组成,每个决策树使用随机选择的特征子集进行训练。

(4)文件分类和标记。使用构建好的随机森林模型,对未标记的文件进行分类和标记。每个决策树都会给出一个分类结果,可以根据多数投票原则来确定最终的分类或标记。

(5)模型评估。通过与标记好的测试数据集进行比较,评估随机森林模型的准确率、精确率、召回率等指标,以确定模型的性能。

随机森林算法具有以下优点:

(1)可以处理大量的特征和样本,对数据集的规模不敏感。

(2)能够处理高维数据,并且不需要进行特征选择。

(3)通过集成多个决策树,可以降低过拟合的风险,提高模型的泛化能力。

需要注意的是,随机森林算法的训练和预测速度相对较慢,尤其在处理大规模数据集时。此外,调整随机森林的超参数(如决策树数量、特征子集的大小等)也是很重要的,可以通过交叉验证等方法来选择最优的参数组合。

以上这些模型可以根据不同的任务和数据特点来选择和调整,以实现更好的归档效果。同时,也可以通过模型的集成、优化和调参等方法来提高归档的准确性和效率。

5 公路建设项目电子文件智慧归档系统设计与实现

"智慧归档系统"（以下简称本系统），在已有的"公路建设项目电子归档业务管理系统"的基础上，结合人工智能技术、文本相似度比对、正则规则匹配以及规范规范题名规则、编码规则、文件清单等相关技术，在业务处理流程中实现智慧归档。"智慧归档系统"实现于各业务管理系统，通过智能、自动完成各业务系统文件归档组卷，实现智慧归档需求，极大程度提高了归档业务的工作效率。统计显示，公路建设期使用 10~15 个独立的业务系统。现以"公路建设项目电子归档业务管理系统"为例，升级为"智慧归档系统"，研究智慧归档的实现与设计。

5.1 技术选型

本系统经过深入研究与分析，决定采用.NET 平台进行开发，使用 C#作为主要编程语言，Visual Studio2019/2022 开发工具，并采用 B/S 架构，ASP.NET MVC 作为 Web 框架，Microsoft SQL Server 作为数据库，采用 Javascript、Vue、ElementUI、Jquery、Axios 等前端技术及框架。具体技术选型如下。

5.1.1 NET 核心技术

.NET 是一个实现了跨平台的、企业级的开发框架，它为软件开发提供了庞大的类库、多种语言支持、强大的工具链和广泛的社区支持。NET 的跨平台特性意味着我们开发的系统能够轻松适配不同的操作系统环境。具有如下优势：

（1）跨平台。.NET Core 支持在 Windows、Linux、macOS 以及国产操作系统上运行，提高了软件的灵活性和可移植性。

（2）性能。.NET Core 相比其他框架在性能上有显著提升，尤其是在大数据处理和并发性能方面,对于处理海量的电子文件非常关键。

(3)安全性。微软为.NET提供持续的安全更新,增强了归档系统对电子文件的保护。

(4)社区和支持。.NET拥有强大的社区和丰富的文档,加速问题解决和技术研究,对于国家课题级别的项目而言,这一点尤为重要。

5.1.2 C#编程语言

C#是一门现代、类型安全的面向对象编程语言,因其简洁、表达力强、易维护等特性被广泛应用于企业级应用开发中。C#在.NET环境中得到了最佳的支持。具有如下优势:

(1)开发效率。C#语言简洁明了,同时拥有强大的IDE支持(如Visual Studio)加快开发速度,使得开发者能够把更多精力投入到业务逻辑的实现上。

(2)生态系统。C#拥有庞大的生态系统,有大量成熟的库和框架可用来构建可靠的应用程序。

(3)稳定性。C#语言经过多年发展,稳定性强,适合构建需要长期维护的国家级项目。

5.1.3 Visual Studio 2019/2022 开发工具

Visual Studio 是由微软公司开发的一款强大的集成开发环境(IDE),它为开发者提供了强大、灵活且高效的工具和服务来构建各种类型的应用程序,广泛用于Windows、Web、云和移动应用程序的开发。它提供了支持多种编程语言的功能,包括但不限于C#、VB.NET、F#、C++、HTML、JavaScript、TypeScript等。其有如下优势:

(1)Visual Studio 2019/2022 可以更有效地利用系统资源,包括更大的内存空间。对于处理大型项目和解决方案来说,这一点尤为重要。

(2)性能改进。微软在这一版本中注重提升了性能,使得启动速度更快,项目加载时间更短,并减少了内存占用,提高了整体响应速度。

(3)用户界面改善。Visual Studio 2019/2022 引入了更加现代化的界面设计,提供了暗色主题、高对比色主题等多种配色方案,并优化了布局以提升用户体验。

(4)Hot Reload。新增的 Hot Reload 功能允许开发者在不停止应用程序的情况下实时修改代码并观察变更效果,极大提高了开发效率和体验。

(5)改良智能感知。IntelliCode 智能感知现在更加智能,可以提供更为精确的代码补全建议,降低了编写代码时的负担。

(6)支持多种语言和框架。Visual Studio 2019/2022 支持C#、VB.NET、F#、C++、Python、Node.js等多种编程语言,以及.NET Framework、.NET Core、.NET 5/6/7/8、ASP.NET、Unity等多种框架,适用于不同开发需求。

(7)集成开发与调试。提供了先进的调试工具和诊断功能,包括跨平台调试支持,可以轻松地进行本地和远程调试。

(8)Git 集成。内置的 Git 版本控制支持,可以直接从 IDE 中管理代码库,执行提交、分支、合并等操作。

(9)扩展性。Visual Studio 2019/2022 提供了丰富的扩展生态系统,允许开发者安装第三方插件来扩展 IDE 的功能。

(10)云和容器开发。提供了与 Azure 的紧密集成,便于开发、部署和管理云服务和容器化应用程序。

(11)跨平台支持。对.NET 5/6/7/8 的支持使得构建跨平台应用变得容易。

(12)先进的调试和诊断工具。提供了丰富的调试选项,帮助开发者快速找到并解决问题。

(13)强大的生态系统和社区支持。微软和第三方开发者提供了大量的插件和工具,以及广泛的社区支持。

5.1.4 B/S 架构

B/S 架构(浏览器/服务器架构)是一种网络应用程序的架构模式,其中"B"代表浏览器(Browser),是客户端的表示;"S"代表服务器(Server)。在这个架构中,用户通过浏览器访问服务器上的资源和服务。用户的请求从浏览器发送至服务器,服务器处理请求后,将结果返回给浏览器进行展示。

B/S 架构的工作流程:

(1)用户接口。用户通过浏览器输入请求,通常是通过网址或操作网页上的元素。

(2)发送请求。浏览器将用户的请求封装,通常使用 HTTP/HTTPS 协议,发送至服务器。

(3)服务器处理。服务器接收请求,根据请求的内容,进行相应的处理,这可能包括查询数据库、执行业务逻辑等。

(4)返回响应。处理完毕后,服务器将结果封装成一个标准的 HTTP 响应,包括 HTML 页面、JSON 数据等,回送至客户端的浏览器。

(5)前端渲染。浏览器接收响应,并根据响应内容渲染页面或执行进一步的脚本操作。

B/S 架构具有如下优势:

(1)跨平台性。由于应用程序的前端是基于标准的 Web 技术,比如 HTML、CSS 和 JavaScript,用户可以通过任何支持这些标准的浏览器来访问应用程序,无论他们使用什么操作系统。

(2)易于维护和升级。服务端的应用程序可以集中管理、更新和维护,不需要在每个客户端进行单独的安装和更新。

(3)节约成本。客户端只需一个浏览器即可,减轻了客户端硬件和软件的要求,也降低了应用程序的部署和维护成本。

(4)易于扩展。B/S 架构天生支持分布式计算,可通过增加服务器硬件来提高系统的处理能力,满足更多用户的访问需求。

(5)访问便捷。用户不需要安装特定的客户端软件,只要有互联网连接,就可以通过浏览器随时随地访问服务。

(6)安全性。所有的业务逻辑和数据处理都在服务器端完成,可以有效防止客户端的直接攻击,并且容易实现集中式的安全控制和数据保护。

(7)资源集中管理。数据和应用逻辑在服务器端集中管理,易于进行数据备份、故障恢复等操作。

B/S 架构因其跨平台、易于维护和部署等特点,被广泛应用于各种在线应用和业务系统中,尤其是那些需要频繁更新和大量用户访问的场景。随着 Web 技术的不断进步和成熟,B/S 架构成为现代网络应用的主要构建方式之一。

5.1.5 ASP.NET MVC Web 框架

ASP.NET MVC 是一个强大的、模式化的 Web 应用程序开发框架,它使用 MVC(Model-View-Controller)架构模式,使得应用程序的设计更加清晰,便于维护和测试。具有以下优势:

(1)分离关注点。通过 MVC 模式,可以将业务逻辑、UI 和数据模型分开管理,有利于代码的组织和团队协作。

(2)可测试性。MVC 设计让单元测试和集成测试变得更易实施,确保归档系统的质量。

(3)可扩展性和灵活性。ASP.NET MVC 提供了丰富的扩展点,容易进行功能增强和个性化定制。

5.1.6 SQL Server 数据库

SQL Server 是一个广泛用于企业环境的关系型数据库管理系统,为复杂的数据存储、检索和分析提供了强健的解决方案。具有以下优势:

(1)性能和可靠性。SQL Server 在处理大型数据库时具有很高的性能和稳定性,这对于处理和归档大量的公路工程电子文件至关重要。

(2)安全性。SQL Server 提供全面的安全特性,例如透明数据加密和列级安全控制,保护数据安全。

(3)集成服务。SQL Server 与其他微软服务(如 Azure Cloud)的高度集成,为后期可能的云迁移和服务扩展提供了便利。

5.1.7 前端技术及框架

本系统采用 Javascript、Vue、ElementUI、Jquery 和 Axios 等作为前端技术及框架。

Javascript 作为一种编程语言,拥有多项优势使其在多年来不仅维持了其在 Web 开发中的核心地位,而且还在不断扩展到其他计算平台。以下是 JavaScript 的一些主要优势:

(1)通用性。JavaScript 是 Web 浏览器的标准脚本语言,几乎所有现代浏览器都内置了对它的支持,这意味着几乎所有有网页浏览能力的设备都能运行 JavaScript 代码。

(2)高效性。随着 V8 引擎(Google Chrome 的 JavaScript 引擎)等现代 JavaScript 引擎的出现,JavaScript 的执行速度得到了极大提升。

(3)事件驱动和非阻塞 IO。JavaScript 自身特性支持事件驱动和异步编程模式,尤其是在 Node.js 环境中,这使得 JavaScript 非常适合处理高并发场景。

(4)第一类函数。JavaScript 中的函数是"第一类公民",可以存储在变量中、作为参数传递给其他函数以及作为其他函数的返回值,这为编程提供了巨大的灵活性。

(5)富客户端库/框架。JavaScript 社区是活跃的,拥有大量的库和框架,如 React、

Angular、Vue.js、D3.js 等,它们极大地丰富了开发模式,并加速应用程序的开发。

(6)跨平台开发。使用像 Electron 和 React Native 这样的框架,可以使 JavaScript 开发的应用程序跨平台运行在桌面和移动设备上。

(7)同构 JavaScript。通过 JavaScript 可以同时在服务器端(Node.js)和客户端进行编程,这意味着可以共享和重用代码,优化开发流程。

(8)JSON 作为数据格式。JSON(JavaScript Object Notation)是一种轻量级的数据交换格式,易于人阅读和编写,也易于机器解析和生成,并且由 JavaScript 原生支持。

(9)持续的发展。JavaScript 的标准(ECMAScript)也在不断演进,每年都会添加新特性,保持语言的现代性和竞争力。

5.1.8 其他相关技术

(1)Entity Framework:用来作为数据访问层的 ORM 框架,简化对数据库的操作。

(2)Swagger/OpenAPI:为 RESTful API 自动生成交互式文档,方便前后端开发人员调试和接口整合。

(3)Azure DevOps:用于项目的源代码管理、自动化构建、测试和部署,提高了开发和发布的效率。

(4)XUnit 或 MSTest:用于编写单元测试,确保代码质量。

综合考虑到.NET 技术栈在性能、稳定性、安全性以及开发效率方面的优势,选择.NET、C#、MVC 和 SqlServer 等技术构建公路工程电子文件智慧归档系统。这些技术不仅可以帮助有效地管理和归档大量的电子文件,并且确保了系统的可靠性和可扩展性。同时,微软及其庞大社区的支持也为我们的研究和开发提供了宝贵的资源。通过采取这样的技术选型,可以打造出一个既满足当前需求,又能适应未来技术发展的智慧归档系统。

5.2 运行环境

5.2.1 服务器环境

5.2.1.1 硬件要求

处理器:至少为 64 位处理器,推荐四核以上。

内存:最小需求为 4GB RAM,建议 8GB RAM 或更高。

硬盘:至少 40GB 的可用空间,建议使用 SSD 硬盘以提升 I/O 性能。

网络接口:至少 1Gbit/s 以太网卡。

5.2.1.2 软件要求

操作系统:Windows Server 2016/2019/2022 标准版或更高版本,确保已安装最新补丁。

.NET Framework:根据应用程序目标框架版本安装适当的.NET Framework 4.7/7.8,.Net6/7/8。

ASP.NET MVC:与开发时使用的 MVC 版本一致的 ASP.NET MVC 运行时。

SQL Server:Microsoft SQL Server 2016/2017/2019 标准版或企业版,具体版本取决于数据量和并发要求。确保安装最新服务包。

IIS(Internet Information Services):启用 IIS 10.0 或更高版本,并配置相应的网站和应用池。

5.2.2 网络要求

5.2.2.1 内部网络

带宽:取决于用户数量和应用程序带宽需求进行设计。

安全性:内部网络应设置防火墙规则,只允许特定端口,如 80(HTTP)、443(HTTPS)和 SQL Server 使用的端口(通常是 1433)。

网络分区:考虑将数据库服务器与 Web 服务器放在不同的网络分区提高安全性。

5.2.2.2 外部网络

公网 IP:如果需要外网访问,服务器应分配一个固定公网 IP 地址。

域名:建议购买域名并配置 DNS,使用域名访问网站。

SSL 证书:为 HTTPS 连接配置 SSL 证书,确保数据传输加密。

5.2.3 维护建议

5.2.3.1 安全更新

定期检查并安装 Windows Server 安全更新和 SQL Server 服务包以修复已知漏洞。

5.2.3.2 备份策略

制定并实施数据库和应用程序文件的定期备份策略,确保备份数据的安全性和可靠性。

5.2.3.3 监控与日志记录

配置服务器监控和日志记录工具以跟踪性能指标和潜在的系统错误。定期审查日志文件以确定任何安全或性能问题。

5.2.3.4 性能优化

根据监控结果定期评估服务器性能,并采取必要措施调整资源分配、优化数据库查询等以保证良好的用户体验。

5.3 元数据方案及电子文件封装的设计与实现

公路工程电子文件指的是在公路工程规划、设计、建设、维护和管理过程中产生的数字化文件。这可以包括图纸、计算书、测量数据、检测报告等各类文档和资料。

1) 元数据(Metadata)

元数据是关于数据的数据,它描述了数据的基本信息以及管理数据所需的各项参数。对于公路工程电子文件而言,元数据可以包含文件的创建日期、作者、版本、大小、格式、目录结构、访问权限、使用限制、存储位置等信息。

2) 封装(Encapsulation)

封装是指按照特定格式组织并存储电子文件及其元数据,以确保数据的完整性、安全性和可查询性。封装保证了文件的逻辑组成部分不会被更改。

3) OAIS 参考模型(Open Archival Information System)

OAIS 是一种存档信息系统的标准模型,它提供了一个用于理解和建立长期保存电子文件档案库的框架。它定义了档案信息包(AIP)、提交信息包(SIP)和分发信息包(DIP)三个核心概念,分别应用于信息的封装、存储和访问。

4) XML 封装

XML(Extensible Markup Language)是一种广泛用于数据交换的标记语言。其可扩展和自描述的特性使之成为电子文件元数据封装的理想选择。通过 XML,可以灵活地定义元数据元素,并将之与电子文件内容相结合。

5.3.1 元数据方案设计

本系统开发参考《文书类电子文件元数据方案》(DA/T 46—2009),规定的以文件和案卷形式的档案为对象的电子文件形成、交换、归档、移交、保管、利用等全过程元数据设计、捕获、著录的一般要求。

5.3.1.1 元数据元素、机构及描述方法

1) 元数据元素及其结构

电子文件元数据从概念层次上区分为文件实体元数据,机构人员实体元数据、业务实体元数据、实体关系元数据四个域,每个域包含的元数据元素及其结构将在后续展示。

2) 元数据的描述方法

约束性:说明采用该元数据元素的强制性程度,分"必选","条件选"和"可选"。"必选"表示总是强制采用;"条件选"表示在特定环境和条件下必须采用;"可选"表示可采用也可不采用,由用户根据需要确定。表 5-1 为元数据的描述方法。

元数据的描述方法 表 5-1

编号	按一定规则排列的元数据的顺序号
中文名称	元数据元素的中文标识
英文名称	元数据元素的英文标识
定义	元数据元素含义的描述
目的	描述该元数据元素的必要性和作用

续上表

编号	按一定规则排列的元数据的顺序号
约束性	说明采用该元数据元素的强制性程度。分"必选""条件选"和"可选","必选"表示总是强制采用;"条件选"表示在特定环境和条件下必须采用;"可选"表示可采用也可不采用。由用户根据需要确定
可重复性	元数据元素是否可以重复出现
元素类型	元数据元素所属的类别。本标准将元素分为简单型,容器型和复合型
编码修饰体系	对该元数据元素信息的描述应遵循的编码规则,包括编码修饰体系的标识和名称
值域	可以分配给元数据元素的值
缺省值	该元数据元素的默认值
子元素	该元数据元素具有的下属元素
信息来源	元数据元素值的来源
相关元素	与该元素有密切联系的元素
注释	对元素的进一步说明

5.3.1.2 文件实体元数据的描述

具体的各元数据的描述参考规范。文件实体元数据的部分数据由相关人员进行著录,系统对其他数据进行辅助提取。文件实体的元数据结构见表5-2。

文件实体的元数据结构 表5-2

编号	元数据	编号	元数据
M1	聚合层次		
M2	来源	M3	档案馆名称
		M4	档案馆代码
		M5	全宗名称
		M6	立档单位名称
M7	电子文件号		
M8	档号	M9	全宗号
		M10	目录号
		M11	年度
		M12	保管期限
		M13	机构或问题
		M14	类别号
		M15	室编案卷号
		M16	馆编案卷号
		M17	室编件号
		M18	馆编件号
		M19	文档序号
		M20	页号

续上表

编号	元数据	编号	元数据
M21	内容描述	M22	题名
		M23	并列题名
		M24	副题名
		M25	说明题名文字
		M26	主题词
		M27	关键词
		M28	人名
		M29	摘要
		M30	分类号
		M31	文件编号
		M32	责任者
		M33	日期
		M34	文种
		M35	紧急程度
		M36	主送
		M37	按送
		M38	密级
		M39	保密期限
M40	形式特征	M41	文件组合类型
		M42	件数
		M43	页数
		M44	语种
		M45	稿本
M46	电子属性	M47	格式信息
		M48	计算机文件名
		M49	计算机文件大小
		M50	文档创建程序
		M51	信息系统描述
M52	数字化属性	M53	数字化对象形态
		M54	扫描分辨率
		M55	扫描色彩模式
		M56	图像压缩方案
M57	电子签名	M58	签名规则
		M59	签名时间
		M60	签名人

续上表

编号	元数据	编号	元数据
M57	电子签名	M61	签名结果
		M62	证书
		M63	证书引证
		M64	签名算法标识
M65	存储位置	M66	当前位置
		M67	脱机载体编号
		M68	脱机载体存址
		M69	缩微号
M70	权限管理	M71	知识产权说明
		M72	授权对象
		M73	授权行为
		M74	控制标识
M75	附注		

数据存储表格字段设计见表 5-3 ~ 表 5-5。

约束性为"必选"的元数据　　　　　　　　　　　　　　　　　　　表 5-3

字段	名称	类型	说明
mandate identifier	聚合层次	varchar(50)	电子文件在分类、整理、著录、保管和提供利用时,作为个体和特定群体的控制层次。如宗、目、卷、件等
provenance	来源	父级元素	对形成、归档、移交、保管电子文件的单位(个人)和全宗的描述
fonds constituting unit name	立档单位名称	varchar(50)	构成档案(电子文件)全宗的国家机构、社会组织或个人的名称
electronicrecord code	电子文件号	varchar(50)	唯一标识电子文件的一组代码
archival code	档号	父级元素	以字符形式赋予档案(电子文件)的用以固定和反映档案(电子文件)排列顺序的一组代码
year	年度	int	电子文件按年度分类后标记的形成处理年度
retention period	保管期限	varchar(50)	对电子文件划定的存留年限
content description	内容描述	父级元素	对电子文件题名、主题、编号等内容特征的描述
title	题名	varchar	又称标题、题目,是表达电子文件中心内容和形式特征的名称
date	日期	varchar	文件形成的日期或者案卷内文件的起止日期
security classification	密级	varchar	电子文件保密程度的等级
formal characteristics	形式特征	父级元素	电子文件外在征象
storage location	存储位置	父级元素	对电子文件物理和逻辑存址的一组描述信息
offline medium identifier	脱机载体编号	varchar	电子文件脱机存储载体排列顺序的一组代码。其格式为:组织机构代码(档案馆代码)-存储载体代码-排列顺序号。存储载体代码用字母表示,"CD"表示光盘,"MT"表示磁带,"DK"表示磁盘。排列顺序号用阿拉伯数字表示

约束性为"条件选"的元数据　　　　　　　　　　　　　　　　　表 5-4

字段	名称	类型	说明
mandate identifier	聚合层次	varchar(50)	电子文件在分类、整理、著录、保管和提供利用时,作为个体和特定群体的控制层次。如宗、目、卷、件等
provenance	来源	父级元素	对形成、归档、移交、保管电子文件的单位(个人)和全宗的描述
archives name	档案馆名称	—	集中管理特定范围档案的专门机构的名称
archives identifier	档案馆代码	—	依据《编制全国档案馆名称代码实施细则》对档案馆所赋予的代码
catalogue number	目录号	varchar(50)	全宗内电子文件所属目录的代码
organizational structre or function	机构或问题	—	对电子文件进行实体分类整理时按部门或问题分类的结果
agency file number	室编案卷号	—	档案室编制的案卷顺序号
archives file number	馆编案卷号	—	档案馆编制的案卷顺序号
agency item number	室编件号	—	档案室编制的文件或组合文件的排列顺序号
archives item number	馆编件号	—	档案馆编制的文件或组合文件的排列顺序号
document sequence number	文档序号	varchar	文档在组合文件中的排列顺序号。当文件组合类型(M41)的值为"组合文件"时,本元素必选。
author	责任者	varchar	对电子文件内容进行创造、负有责任的团体或个人。当聚合层次(Ml)的值为"文件"时,本元素必选
document aggregation type	文件组合类型	varchar	文件级聚合层次上文档聚合状况的分类。当聚合层次(Ml)的值为"文件"时,本元素必选。单件表示文件由一个文档构成,组合文件表示文件由两个或两个以上的文档构成
total number of items	件数	int	案卷内文件的数量。当聚合层次(MI)的值为"案卷"时,本元素必选
total number of pages	页数	int	双套保存时,与电子文件对应的纸质文件/档案的页数。当聚合层次(MI)的值为"案卷"时,著录卷内全部文件的总页数。当聚合层次(MI)的值为"文件"时,著录文件页数
electronic attributes	电子属性	父级元素	电子文件作为计算机文件所具有的一组特征
computer file name	计算机文件名	varchar	标识计算机文件的一组特定字串。当聚合层次(MI)的值为"文件"时,本元素必选。计算机文件名一般由主文件名和扩展名组成,必要时,可增加著录路径
computer file size	计算机文件大小	varchar	计算机文件的字节数。当聚合层次(Ml)的值为"文件"时,本元素必选。统计单位为"字节"
digitization attributes	数字化属性	父级元素	文件或档案数字化的一组关键特征描述
scanning resolution	扫描分辨率	varchar	文件或档案被数字化时,相关数字化设备所采用的取样分辨率,即单位长度内的取样点数,一般用每英寸点数(dpi)表示。当电子文件由扫描或缩微影像转换形成时,本元素必选。例如:300dpi

续上表

字段	名称	类型	说明
scanning color model	扫描色彩模式	varchar	文件或档案被数字化时,相关数字化设备所采用的扫描色彩模式。当电子文件由扫描或缩微影像转换形成时,本元素必选
signatUre rules	签名规则	varchar	对电子文件的电子签名方法、手段等相关信息的描述。当选用电子签名(M57)元素时,本元素必选
signature	签名结果	varchar	电子文件中以电子形式所含、所附用于识别签名人身份并表明签名人认可其中内容的数据。当选用电子签名(M57)元素时,本元素必选
certificate	证书	varchar	可证实电子签名人与电子签名制作数据有联系的电子文件或者其他电子记录。当选用电子签名(M57)元素时,本元素必选
signature algorithm identifier	签名算法标识	varchar	用于电子签名的算法标识。当选用电子签名(M57)元素时,本元素必选。需从值域中选择

约束性为"可选"的元数据　　　　　　　　　　　　　　　　　　　　　表 5-5

字段	名称	类型	说明
category code	类别号	varchar(50)	根据电子文件实体分类方案赋予电子文件的类别代码。当文书类电子文件整理过程中区分类别时,应选用本元素并预定义值域列表选择著录
page number	页号	varchar(50)	与电子文件对应的纸质档案在案卷内的页面顺序号
parallel title	并列题名	—	以第一种语言文字书写的与题名对照并列的题名
alternative title	副题名	—	解释或从属于题名的另一题名
other title information	说明题名文字	—	题名前后对电子文件内容、范围、用途等的说明文字
descriptor	主题词	varchar(50)	在标引和检索中用以表达电子文件主题的规范化的词或词组
keyword	关键词	varchar(50)	在标引和检索过程中,取自电子文件题名或正文用以表达主题并具有检索意义的非规范化的词或词组
personal name	人名	—	文件内容涉及的具有检索意义的人物姓名
abstract	摘要	varchar(50)	对电子文件核心内容的简短陈述
class code	分类号	varchar(50)	采用《中国档案分类法》对电子文件进行主题分析,并依照电子文件的内容和特点分门别类后形成的类目标记符号
document number	文件编号	varchar(50)	文件制发过程中由制发机关、团体或个人赋予文件的顺序号,也称文号
document type	文种	—	按性质和用途确定的文件种类的名称
precedence	紧急程度	—	公文送达和办理时间要求的急缓等级
principal receiver	主送	—	文件的主要受理者
other receivers	抄送	—	除主送者以外需要执行或知晓文件的其他受文者
secrecy period	保密期限	—	对电子文件密级时效的规定和说明

续上表

字段	名称	类型	说明
language	语种		电子文件正文所使用的语言的类别。缺省值:汉语
manuscript type	稿本	—	文件的文稿、文本和版本
format information	格式信息	varchar	电子文件格式的一组描述信息。建议尽可能选用本元素。使用结构化方式著录,可以是下列形式中的一种: (1)格式名称:××××,格式版本:×××,MIME 媒体类型:××××; (2)格式注册系统名称:××××,注册 ID:×××
document creating application	文档创建程序	varchar	形成和处理文档的程序名称和版本
information system description	信息系统描述	varchar	生成或管理电子文件的信息系统的描述信息。著录信息系统的名称、版本、功能、开发商名称
physical record characteristics	数字化对象形态	varchar	被数字化文件或档案的载体类型、物理尺寸等信息的描述。著录文件或档案载体的类型及尺寸,例如:缩微卷片,35mm
image compression scheme	图像压缩方案	—	文件或档案数字化生成数字图像时所采用的压缩方案。可著录图像压缩方案名称,例如:CCITT GrOUP 4
signature time	签名时间	datetime	进行签名的时间。时间可以是标准时间戳、服务器时间等。时间应精确到秒。采用 GB/T 7408—2005 中 5.4.1 条的扩展格式:YYYY-MM-DDThh:mm:ss。例如,1985 年 4 月 12 日 10 时 15 分 30 秒表示为:1985-04-12T10:15:30
signer	签名人	varchar	对电子签名负责的组织或个人
certificate reference	证书引证	varchar	指向验证签名证书的链接
current location	当前位置		电子文件在文档管理系统中存储位置
offline medium storage location	脱机载体存址	—	电子文件脱机载体的存放位置
microform identifier	缩微号		与电子文件对应的缩微胶片的编号
intellectual property statement	知识产权说明		电子文件所涉及或具有的有关知识产权的描述
authorized agent	授权对象	—	被授权操作、利用电子文件的组织和个人
Permission assignment	授权行为		授权对象被授予的对电子文件操作和利用的行为类型
control identifier	控制标识	—	电子文件是否公开、开放或控制使用的标识
annotation	附注	varchar	电子文件和元数据中需要解释和补充说明的事项

5.3.1.3 机构人员实体元数据的描述

具体的各元数据的描述参考规范。机构人员实体元数据由系统自动提取(表5-6)。

机构人员实体的元数据结构 表 5-6

编号	元数据	编号	元数据
M76	机构人员类型		
M77	机构人员名称		
M78	组织机构代码		
M79	个人职位		

其定义为存放机构人员实体(描述机构/人员的一组元素)及机构人员实体关系的容器。其中,机构人员类型(可选)、机构人员名称(必选)、组织机构代码(可选)、个人职位(可选),见表5-7。

机构人员实体元数据存储表格字段设计 表 5-7

字段	类型	说明
F_Id	varchar(50)	主键
F_ProjectFIleReportId/F_ProjectFIleId	varchar(50)	表 DA_ProjectFIle_Report 的 F_Id(电子文件标识符,必选)/表 DA_ProjectFIle 的 F_Id(文件标识符,必选)
F_UserId	varchar(50)	机构人员标识符(必选)
F_UserName	varchar(50)	机构人员名称(必选),即人员姓名
F_OrganizeId	varchar(50)	机构 Id(自行拓展字段)
F_OrganizeName	varchar(50)	机构名称(自行拓展字段)
F_Post	varchar(50)	个人职位(可选)

5.3.1.4 业务实体元数据的描述

具体的各元数据的描述参考规范。业务实体元数据由系统自动进行采集,对电子文件形成、交换、归档、移交、保管、利用等全过程进行记录(表5-8)。

业务实体的元数据结构 表 5-8

编号	元数据	编号	元数据
M80	业务状态	M83	行为依据
M81	业务行为	M84	行为描述
M82	行为时间		

其定义为存放业务实体(描述电子文件形成、处理和管理等业务行为的一组元素)的容器,如图5-1所示。

图 5-1 业务实体元数据结构示意图

数据存储表格字段设计见表 5-9 ~ 表 5-11。

表 DA_Zujuan_Metadata（案卷级） 表 5-9

字段	类型	说明
F_Id	varchar(50)	主键,为业务实体提供唯一标识
F_ZuJuanId	varchar(50)	表 DA_Zujuans 的 F_Id(案卷标识符,必选)
F_ActName	varchar(200)	业务行为(必选),其定义为履行电子文件形成,处理、管理等业务的具体行为,值域参考 DA/T46 的 M81
F_Using	varchar(500)	业务内容,即行为描述(可选),其定义为业务行为相关信息的描述
F_CreateUserId	varchar(50)	机构人员标识符(必选),即操作人 Id
F_CreateUserName	varchar(50)	机构人员姓名(必选),即操作人姓名
F_CreateDate	datetime	创建时间,即行为时间(必选)

表 DA_ProjectFiles_Metadata（文件级） 表 5-10

字段	类型	说明
F_Id	varchar(50)	主键,为业务实体提供唯一标识
F_FileId	varchar(50)	表 DA_ProjectFIle 的 F_Id(文件标识符,必选)
F_CreateDate	datetime	文件创建时间,即行为时间(必选)
F_Type	int	业务行为的数据来源(拓展字段):01-预组卷,02-计量,03-试验,04-OA,05-声像预组卷,99-业务系统自身
F_UsingDescription	varchar(500)	行为描述(可选),其定义为业务行为相关信息的描述
F_Using	varchar(500)	业务行为(必选),其定义为履行电子文件形成,处理、管理等业务的具体行为,值域参考 DA/T 46 的 M81
F_FilePath	varchar(200)	为 OA 拓展的字段
F_FileNameList	varchar(200)	为 OA 拓展的字段
F_RealDate	datetime	为 OA 拓展的字段
F_CreateUserId	varchar(50)	机构人员标识符(必选),即操作人 Id
F_CreateUserName	varchar(50)	机构人员用户名(可选,规范中未提,原表设计就包含有的字段),即操作人用户名
F_CreateUserRealName	varchar(50)	机构人员姓名(必选),即操作人姓名

表 DA_ProjectFile_Report_Logs（电子文件级） 表 5-11

字段	类型	说明
F_Id	varchar(50)	主键,为业务实体提供唯一标识
F_ProjectFIleReportId	varchar(50)	表 DA_ProjectFIle_Report 的 F_Id(文件标识符,必选)
F_OperatorUserId	varchar(50)	机构人员标识符(必选),即操作人 Id
F_OperatorUserName	varchar(50)	机构人员姓名(必选),即操作人姓名
F_BusinessBehavior	varchar(50)	业务行为(必选),其定义为履行电子文件形成,处理、管理等业务的具体行为,值域参考 DA/T 46 的 M81
F_BusinessTime	Datetime	行为时间(必选)
F_BehaviorDescription	varchar(200)	行为描述(可选),其定义为业务行为相关信息的描述
F_BusinessStatus	varchar(50)	业务状态(必选),值域为:历史行为、计划任务

5.3.1.5 文件实体关系元数据的描述

具体的各元数据的描述参考规范。实体关系元数据由系统自动进行采集和形成。文件实体关系元数据结构见表5-12。

文件实体关系的元数据结构　　　　　表5-12

编号	元数据	编号	元数据
M85	实体标识符	M87	关系
M86	关系类型	M88	关系描述

其定义为描述文件、文档相互联系的一组元素。记录文件实体关系,保持文件材料之间的有机联系,明晰电子文件结构和背景信息,利于管理和利用(图5-2)。

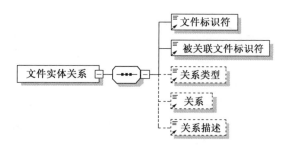

图5-2　文件实体关系元数据结构图

其中文件标识符(必选)、被关联文件标识符(必选)、关系类型(可选)、关系(可选)、关系描述(可选),见表5-13。

文件实体关系数据存储表格字段设计　　　　　表5-13

字段	类型	说明
F_Id	varchar(50)	主键
F_ProjectFIleReportId/ F_ProjectFIleId	varchar(50)	表 DA_ProjectFIle_Report 的 F_Id(必选),即电子文件标识符/ 表 DA_ProjectFIle 的 F_Id(必选),即文件标识符
F_RelationTableName	varchar(50)	被关联文件表名(自行拓展字段)
F_RelationFileId	varchar(50)	被关联文件标识符(必选),即被关联的文件Id
F_RelationType	varchar(50)	关系类型(可选),其定义为文件之间、文件不同实体之间以及文件实体内部对象之间关系的种类。值域参考 DAT46 中 M86
F_Relation	varchar(50)	关系(可选),值域参考 DAT46 中 M87
F_RelationDescription	varchar(500)	关系描述(可选)

5.3.2 电子文件元数据封装设计

基于 XML 技术进行电子文件封装的目的是利用标准的、与软硬件无关的 XML 语言将电子文件与其元数据按照规范结构封装在一个数据包中,以维护电子文件与其元数据的完整性,并保障两者之间的可靠联系,实现电子文件自包含、自描述和自证明。

主要是对文件实体、业务实体和组织机构实体三块内容进行封装,这三块内容的数据分别在不同的数据表进行存储。需在文件形成、整理、更新、流转的过程中,结合具体的业务分别对三种类型的数据进行存储。总结来说,系统需在文件的整个生命周期,提供对上述所说的三块内容数据进行存储,为最后的封装提供数据支撑。

元数据封装是基于电子文件而言,关联本系统中的表为 DA_ProjectFIle_Reports,为 DA_ProjectFIle_Reports 表拓展表 5-14 中字段用于存储电子文件封装包的相关信息。

DA_ProjectFIle_Reports 表拓展字段　　　　　表 5-14

字段	类型	说明
XmlPackageName	nvarchar(100)	封装包文件名,用于查找、检索和利用电子文件封装包
XmlPackageFilePath	nvarchar(300)	封装包文件存储路径

封装效果示例图如图 5-3 ~ 图 5-5 所示。

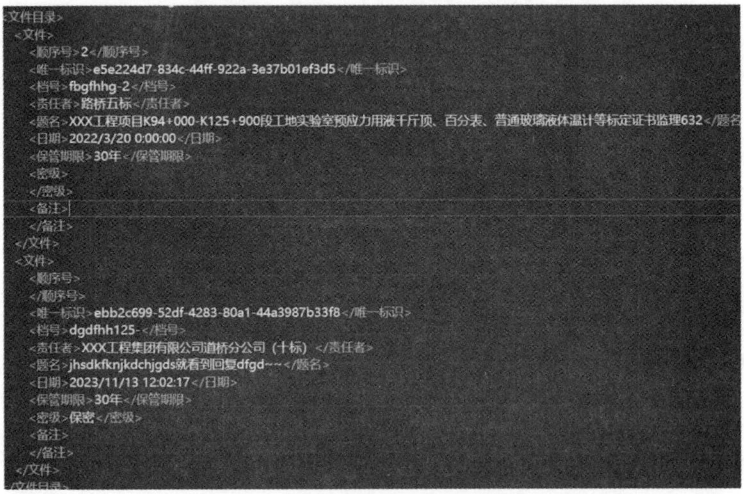

图 5-3　电子文件元数据封装效果示例(一)

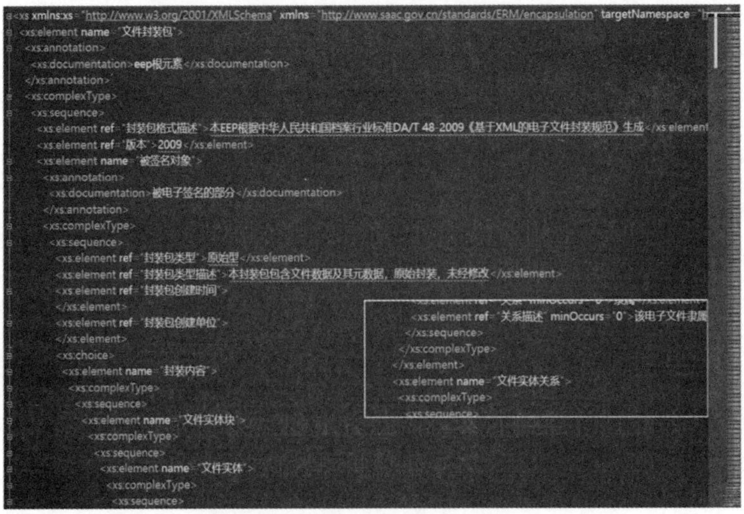

图 5-4　电子文件元数据封装效果示例(二)

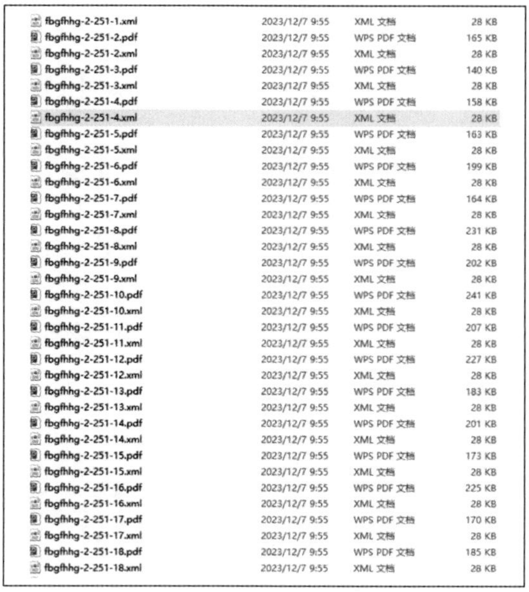

图 5-5 电子文件元数据封装效果示例(三)

5.4 防篡改技术的设计与实现

本系统采用电子签章(签名)技术+人脸活体识别技术共同实现防篡改。电子签章签名技术是使用密码学和数字证书等技术手段,确保电子文档的完整性、真实性和不可抵赖性。

1)数字签名(Digital Signature)

数字签名使用非对称加密算法,例如 RSA 算法,生成签名和验证签名的过程。发送方使用自己的私钥对原始文档进行签名,产生唯一的数字签名。接收方使用发送方的公钥对数字签名和原始文档进行验证,以确认文档的完整性和真实性。如果数字签名验证通过,说明签名是由私钥持有者生成的,即可确保文件的完整性和认证性。

2)数字证书(Digital Certificate)

数字证书是由信任的第三方机构(证书颁发机构,Certificate Authority)签发的电子文档,用于证明数字签名的合法性和身份认证。数字证书中包含了公钥、持有者的身份信息、证书颁发机构的签名等。接收方可以通过验证数字证书的签名和完整性,来确认证书的真实性和有效性。

人脸活体识别在本系统中在进行电子签章(签名)时,先通过人脸活体识别的验证,验证通过后,方可进行电子签章(签名),起到双重保证完整性、真实性和不可抵赖性的作用。

人脸识别技术是一种通过分析和比对人脸图像数据来识别和验证身份的方法,在安全认证、访问控制、犯罪侦查等领域发挥着重要作用。为了提高系统的安全性和可靠性,防篡改技术的应用变得至关重要。通过活体检测、3D 识别、多模态识别和数据加密等手段,可以增强人脸识别系统的抗攻击能力和隐私保护能力。

人脸识别技术利用计算机视觉和模式识别算法,通过以下步骤实现:

(1)图像采集。使用摄像头或其他图像获取设备采集人脸图像。

(2)预处理。对采集到的图像进行预处理,包括人脸检测、人脸对齐、灰度化等操作,以提高后续处理的准确性和效率。

(3)特征提取。从预处理后的图像中提取出与人脸特征相关的信息,例如人脸轮廓、眼睛位置等。

(4)特征匹配。将提取出的人脸特征与数据库中已有的特征进行比对,确定是否存在匹配的人脸。

(5)决策与输出。根据特征匹配的结果,进行决策判断,输出识别结果。

为了保护人脸识别系统的安全性和可信度,可以采取以下防篡改技术:

(1)安全认证。人脸识别可用于替代或强化传统的密码、卡片等认证方式,提升系统的安全性和便利性。

(2)访问控制。将人脸识别技术应用于门禁系统,实现自动化的人员进出识别和记录,提高入侵检测和防护能力。

(3)人机交互。人脸识别技术可用于智能设备的操作和交互,例如人脸表情识别、面部动作捕捉等。

(4)活体检测。通过检测被识别者的生物特征是否具备真实的生理反应,例如眨眼、张嘴等,以区分真人和照片、视频等攻击方式。

(5)数据加密与隐私保护。在数据采集、传输和存储环节,使用加密算法对人脸数据进行保护,确保数据的安全性和隐私性。

电子签章技术的总体框架及总体流程图如图 5-6 和图 5-7 所示。

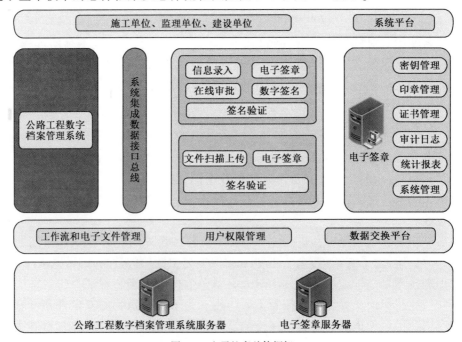

图 5-6　电子签章总体框架

5 ▶ 公路建设项目电子文件智慧归档系统设计与实现

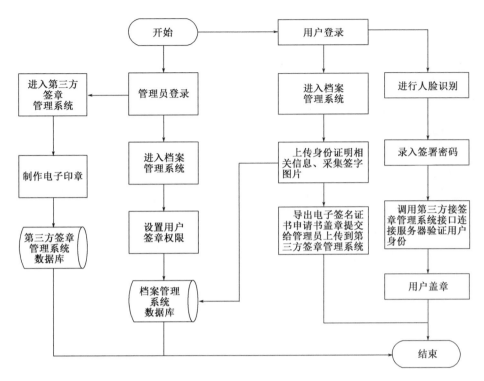

图 5-7　电子签章总体流程图

实现的功能效果如图 5-8 ~ 图 5-11 所示。

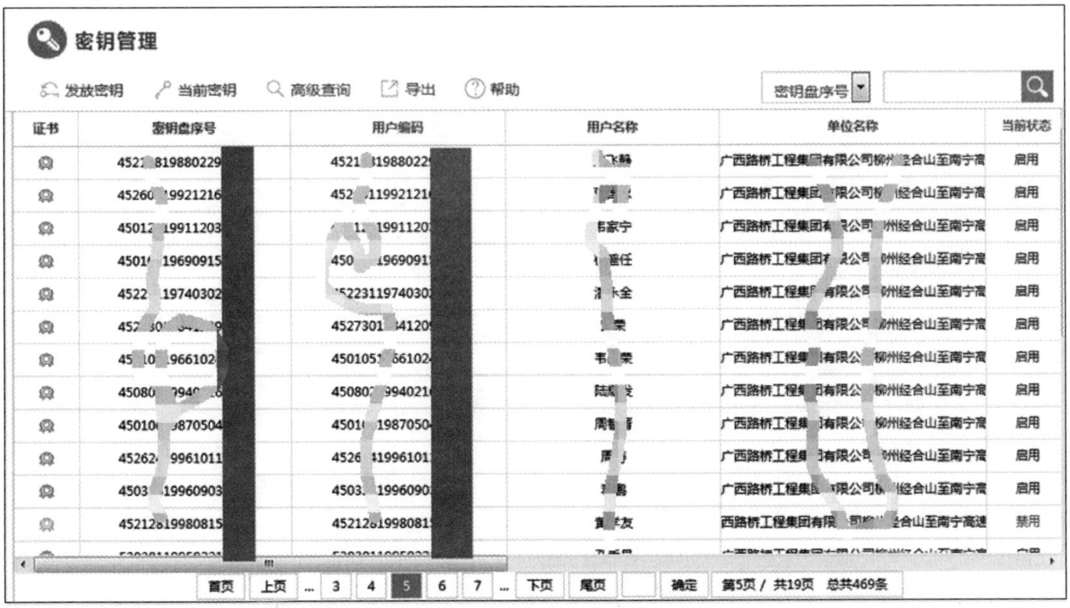

图 5-8　电子签章实现效果示例(一)

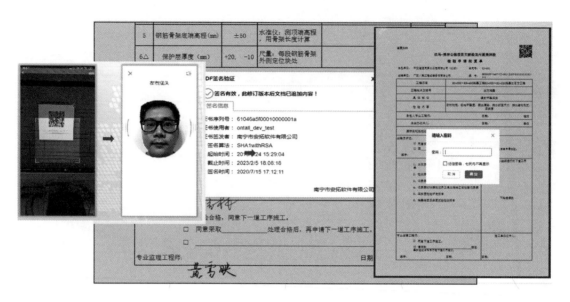

图 5-9　电子签章实现效果示例(二)

图 5-10　电子签章实现效果示例(三)

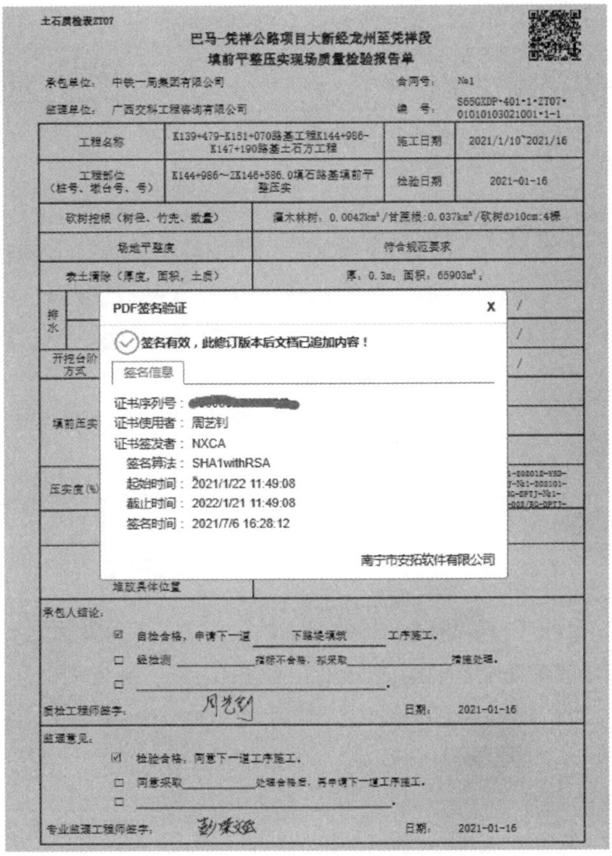

图 5-11 电子签章实现效果示例(四)

5.5 文本相似度比对、正则匹配及人工智能语音识别应用的设计与实现

文本相似度比对是通过计算文本之间的相似性来确定它们的相似程度。通过基于词袋模型和余弦相似度算法的文本相似度比对,具体实际过程如下。

1) 文本表示

首先,将待比对的文本转化为词袋模型。词袋模型将文本视为词的分布向量,每个词在文本中的出现次数即为该词的权重。

2) 特征选择

基于词袋模型的文本表示,选取合适的特征,比如词频(TF)和逆文档频率(IDF)等。

3) 相似度计算

使用余弦相似度算法来计算两个文本之间的相似度。余弦相似度是通过计算两个向量之间的夹角余弦值来衡量它们的相似程度。

4)比对过程

(1)输入两个待比对的文本 A 和文本 B。

(2)对文本 A 和文本 B 进行数据预处理,如去除停用词、标点符号和特殊字符,并进行词干提取或词形还原。

(3)构建词袋模型。

①统计文本 A 和文本 B 中的所有词汇,得到词汇表 V。

②统计文本 A 中每个词汇在文本 A 中出现的次数,得到向量 A。

③统计文本 B 中每个词汇在文本 B 中出现的次数,得到向量 B。

④根据词汇表 V,将向量 A 和向量 B 转化为长度相同的向量,分别表示为 VA 和 VB。

⑤计算特征权重计算文本 A 和文本 B 中每个词汇的词频(TF),得到 TF(A)和 TF(B)。

⑥计算词汇表 V 中每个词汇的逆文档频率(IDF),得到 IDF(V)。

⑦根据 TF(A)、TF(B)和 IDF(V),计算 VA 和 VB 的特征权重,得到 TF-IDF(A)和 TF-IDF(B)。

(4)计算相似度。

①使用余弦相似度算法,将 TF-IDF(A)和 TF-IDF(B)作为输入。

②计算 TF-IDF(A)和 TF-IDF(B)之间的余弦相似度。余弦相似度的计算公式为:

$$similarity = (\text{TF-IDF}(A) \cdot \text{TF-IDF}(B))/(|\text{TF-IDF}(A)| \cdot |\text{TF-IDF}(B)|)$$

(5)根据相似度值进行判断。

①如果 similarity 接近 1,表示文本 A 和文本 B 非常相似。

②如果 similarity 接近 0,表示文本 A 和文本 B 不相似。

C#代码实现示例如图 5-12 所示。

正则匹配是通过正则表达式来描述和匹配字符串的模式。正则表达式是一个由特殊字符组成的模式,用于在文本中查找、替换和验证特定的字符串。

正则表达式的比对算法主要包括两个步骤:编译和匹配。

编译:在 C#中,使用 Regex 类创建正则表达式对象。在创建对象时,传入要匹配的正则表达式模式作为参数。编译过程中会将模式转化为一种内部表示形式,使其能够进行有效的匹配操作。

匹配:使用正则表达式对象的 Match 方法进行匹配操作。将输入的字符串作为参数传入 Match 方法。匹配过程会根据正则表达式的模式,在输入字符串中寻找满足模式的匹配项。

匹配过程中,使用了一些特殊的字符和修饰符,用于指定匹配规则:

字符类:用方括号[ ]来定义一个字符类,匹配其中的任意一个字符。例如[abc]表示匹配字符 a、b 或 c。

元字符:一些特定的字符具有特殊的含义,如.表示匹配任意单个字符,\d 表示匹配一个数字字符等。

量词:用来指定匹配的次数,如 * 表示匹配 0 次或多次, + 表示匹配 1 次或多次,? 表示匹配 0 次或 1 次。

边界匹配:用来指定匹配的位置,如^表示字符串的开始位置,$ 表示字符串的结束位置。

```csharp
using System;
public class TextSimilarityComparer
{
    public static double Compare(string text1, string text2)
    {
        if (string.IsNullOrEmpty(text1) || string.IsNullOrEmpty(text2))
        {
            throw new ArgumentException("输入的文本不能为空");
        }
        text1 = text1.ToLower();
        text2 = text2.ToLower();
        // 将文本分割为单词数组
        string[] words1 = text1.Split(' ');
        string[] words2 = text2.Split(' ');
        // 计算共同单词数
        int commonWordsCount = 0;
        foreach (string word1 in words1)
        {
            foreach (string word2 in words2)
            {
                if (word1.Equals(word2))
                {
                    commonWordsCount++;
                    break;
                }
            }
        }
        // 计算相似度
        double similarity = (double)commonWordsCount / Math.Max(words1.Length, words2.Length);
        return similarity;
    }
}
```

图 5-12　C#代码实现示例

图 5-13 所示是一个使用正则表达式进行匹配的示例代码。

```csharp
using System;
using System.Text.RegularExpressions;
public class RegexMatcher
{
    public static bool IsMatch(string input, string pattern)
    {
        // 创建正则表达式对象
        Regex regex = new Regex(pattern);

        // 执行匹配
        Match match = regex.Match(input);

        // 判断是否匹配成功
        return match.Success;
    }

    public static MatchCollection MatchAll(string input, string pattern)
    {
        // 创建正则表达式对象
        Regex regex = new Regex(pattern);

        // 执行匹配
        MatchCollection matches = regex.Matches(input);

        return matches;
    }
}
```

图 5-13　使用正则表达式进行匹配的示例

人工智能语音识别是指使用计算机来将语音信号转换为文字或命令的技术，其原理基于深度学习和自然语言处理的方法。其实现过程如下：

（1）音频数据采集。首先，需要从麦克风或其他音频设备中采集语音信号的音频数据。通常采用数字信号处理方法对原始音频进行预处理，例如去除噪声、降低回声等。

（2）特征提取。接下来，将音频信号转换为特征向量表示。常用的特征提取方法是短时傅立叶变换（Short Time Fourier Transform，STFT），将音频信号分成多个时间窗口，并将每个窗口上的音频信号转换为频谱图或梅尔频谱系数。

（3）语音识别模型。构建一个深度学习模型用于语音识别。常用的模型是循环神经网络（Recurrent Neural Networks，RNN）的变种，如长短时记忆网络（Long Short-Term Memory，LSTM）或门控循环单元（Gated Recurrent Unit，GRU）。这些模型可以捕捉到音频信号的序列信息，并输出对应的文字概率分布。

（4）训练模型。使用大量标注好的语音数据和对应的文字转录进行模型训练。通过反向传播算法，优化模型参数，使模型能够最大限度地拟合语音数据和文字转录之间的对应关系。

（5）语音识别。在识别阶段，将预处理后的音频特征送入训练好的语音识别模型中。模型将输出每个时间步上各个文字的概率分布，可以根据概率选择最有可能的文字结果。

5.6 基于规则定义、文件清单化的智慧归档设计与实现

本系统基础配置模块上，实现了一套规则引擎，定义了一系列的规则，如：报表编号规则、影像编号规则、文件题名规则、智慧组卷规则、档号规则、文件自动投放规则、文件自动匹配规则等，通过一系列的规则定义，再结合文件清单、文本比对、人工智能，共同实现智慧归档。

规则主要通过自定义参量、系统变量及常量因素构成，结合算术运行符、逻辑运算符等实现规则定义。实现界面如图5-14所示。

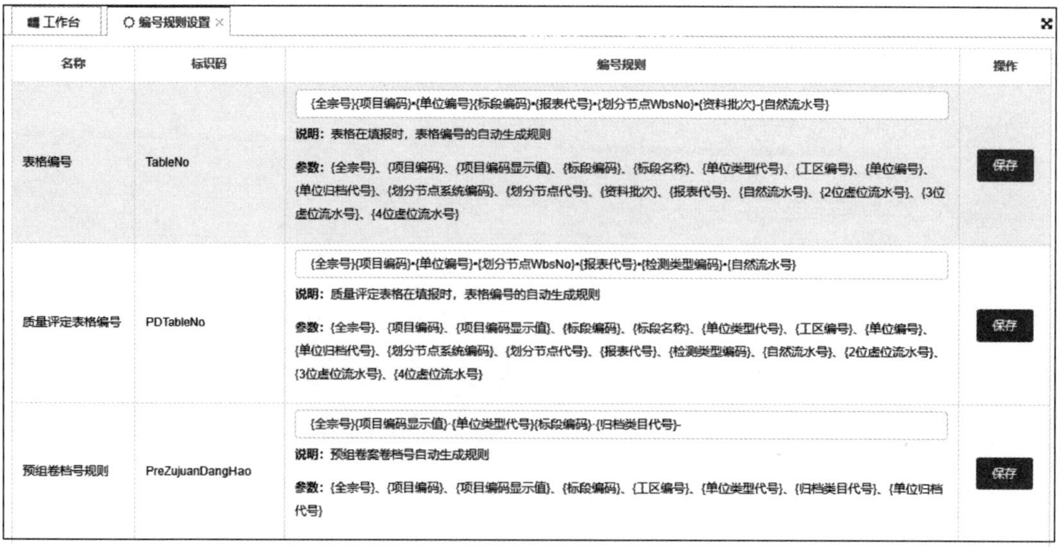

图5-14 智慧归档设计实现界面

5.7 数据交换技术的设计与实现

本系统开发系统对接机制,各业务系统可以在档案系统登记注册,通过档案系统开放的 WebAPI 接口实现档案系统与各业务系统间的数据互通。

WebAPI(Web Application Programming Interface)是一种基于 HTTP 协议的应用程序编程接口,用于实现不同应用之间的数据交互 WebAPI 接口及与各业务系统实现数据交互详见附录 A。通过路由解析、数据处理和响应返回,WebAPI 能够提供统一的接口规范,并与客户端应用进行通信。

WebAPI 基于 HTTP 协议,通过定义一组统一的接口规范,允许客户端应用程序通过 HTTP 请求与服务器进行通信,并获取所需的数据或执行相应的操作。WebAPI 主要包括路由解析、数据处理和响应返回三个关键步骤。

1)路由解析

当客户端发起 HTTP 请求时,WebAPI 首先需要解析请求的 URL,确定要调用的具体 API 方法。这一过程被称为路由解析。常见的路由解析方式包括基于约定的路由映射和基于特性标记的路由配置。通过路由解析,WebAPI 能够根据请求选择相应的 API 方法。

2)数据处理

一旦确定了要调用的 API 方法,WebAPI 开始进行数据处理。这包括参数绑定、身份验证、授权等操作。参数绑定将 HTTP 请求中的参数值绑定到 API 方法的参数上,提供数据输入。身份验证和授权用于验证请求的合法性和是否有权限执行 API 方法。数据处理阶段还可以包括对请求的数据进行验证和转换等操作。

3)响应返回

在完成数据处理后,WebAPI 执行 API 方法,并获取返回结果。API 方法的执行可以包括数据库访问、业务逻辑处理等操作。一旦获取了返回结果,WebAPI 会将结果封装为 HTTP 响应,并发送给客户端。常见的响应格式包括 JSON 和 XML 等。WebAPI 还可以设置 HTTP 状态码和响应头来提供更详细的响应信息。

4)使用 ASP.NET Web API 来实现 WebAPI

具体实现思路如下:

(1)定义 API 接口。定义需要暴露的 API 接口,确定 API 的 URL 路径和请求方法,并定义输入参数和输出结果。

(2)路由配置。配置路由规则,将请求的 URL 映射到相应的 API 方法上。可以基于约定的路由映射或者使用特性标记进行路由配置。

(3)数据处理。处理请求数据,包括参数绑定、身份验证、授权等。根据业务需求进行数据验证和转换,确保数据安全性和正确性。

(4)执行业务逻辑。根据 API 方法的实现,执行相应的业务逻辑,包括数据库访问、数据处理等操作。

（5）响应返回。根据业务逻辑的执行结果，将结果封装为HTTP响应，设置合适的HTTP状态码和响应头。常用的响应格式是JSON和XML等。

（6）部署和测试。将WebAPI部署到服务器上，并进行测试验证。使用Postman等工具进行API的测试。

本系统通过WebAPI已经成功与试验、计量、OA、征地拆迁等各类业务系统集成平台，建立数据交换平台。具体WebAPI接口及与各业务系统实现数据交互详见本书附件A。

5.8 系统功能设计与实现

本系统在已有的"公路建设项目电子文件归档系统"的基础上进行升级开发，内置智慧归档模块，根据实际业务情况，将智慧归档原理和技术集成于各类业务功能中。"公路建设项目电子文件归档系统"已遵照《电子档案管理系统通用功能要求》（GB/T 39784—2021）完成开发。公路建设项目电子文件智慧归档系统涵盖业务功能从质保资料填报到电子文件归档处理再到项目档案管理整个过程。功能拓扑图如图5-15所示。

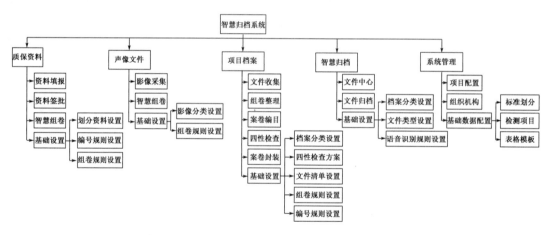

图5-15　公路建设项目电子文件智慧归档系统功能拓扑图

总体设计思路及流程图如图5-16所示。

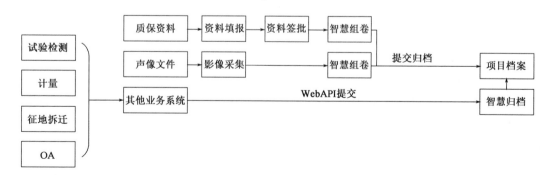

图5-16　公路建设项目电子文件智慧归档系统总体设计思路及流程图

5.8.1 质保资料

质保资料是指在工程建设施工过程中产生的各种文件和材料,这些资料用以证明工程项目在设计、施工、监理和验收等环节符合相应的质量标准与规范要求。质保资料的产生伴随整个工程的进行,并且会详细记录下每一步骤的质量控制情况。质保资料业务模块以工程施工进度与资料形成同步为理念设计,提供在线填报、在线签批以及一键智慧组卷归档等功能。为保证质保资料模块业务的正常运行及最终实现一键智慧组卷功能,系统建立模板定义库、检测项目库、标准划分库、项目划分设计、工序关联模板、编号规则、组卷规则、题名规则等一系列基础体系。

5.8.1.1 模板设计体系

模板设计采用纯前端无插件技术,采用模板与数据分离的理念,数据颗粒度能将传统的整份文件细化到每个单元格子内容,为后续的数据分析、挖掘及智慧处理提供可行性基础。模板设计体系同时还实现表格间的数据相互引用以及引用试验报告、原始记录数据,确保数据逻辑的严谨性和准确性。实现界面如图 5-17 所示。

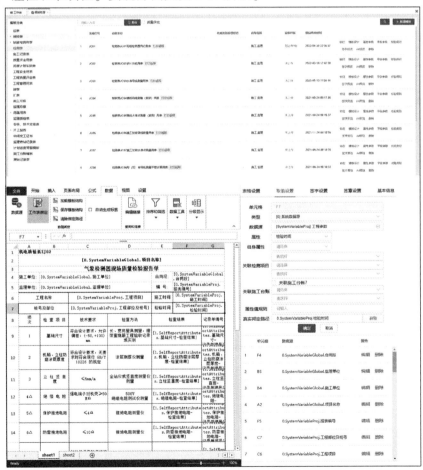

图 5-17 工程建设施工过程质保资料模板设计体系界面

5.8.1.2 标准划分体系

标准划分体系是整个系统业务实现数据与基础数据的桥梁,一切业务数据的智能产生都是依据标准划分与基础数据之间的关联关系决定。如项目划分设计、自检抽检资料填报、组卷规则、题名规则、编号规则等,都依赖标准划分体系。功能界面如图5-18所示。

图5-18 工程建设施工过程质保资料标准划分体系功能界面

5.8.1.3 规则体系

在质保资料模块,系统建立有编号规则、题名规则、组卷规则、文件投放规则等一系列体系,均为实现智能功能提供基础可行性。实现功能界面如图5-19～图5-21所示。

5 ▶ 公路建设项目电子文件智慧归档系统设计与实现

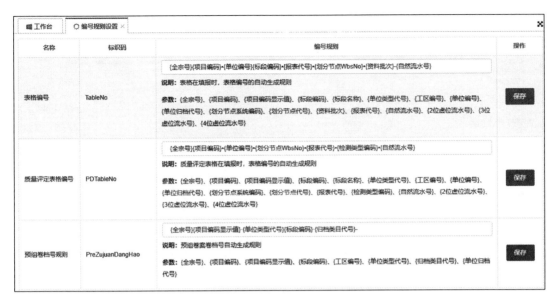

图 5-19 质保资料模块规则体系编号规则设置界面

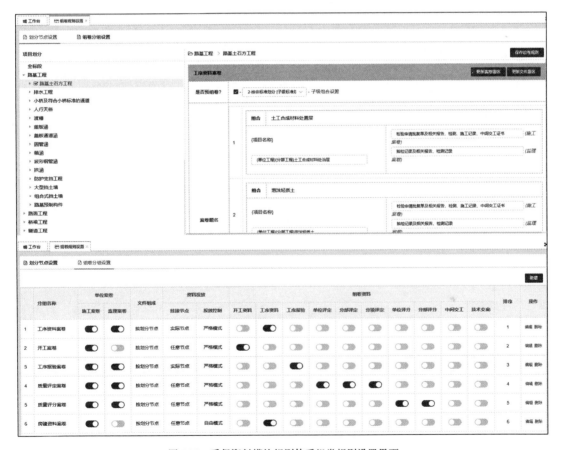

图 5-20 质保资料模块规则体系组卷规则设置界面

图 5-21 质保资料模块规则体系智慧组卷界面

5.8.2 声像文件

声像文件系统提供 PC 端上传及 App 端现场采集功能,记录影像采集的时间点、地理坐标位置等不可抵赖信息,最终实现一键智慧组卷。功能实现界面如图 5-22~图 5-25 所示。

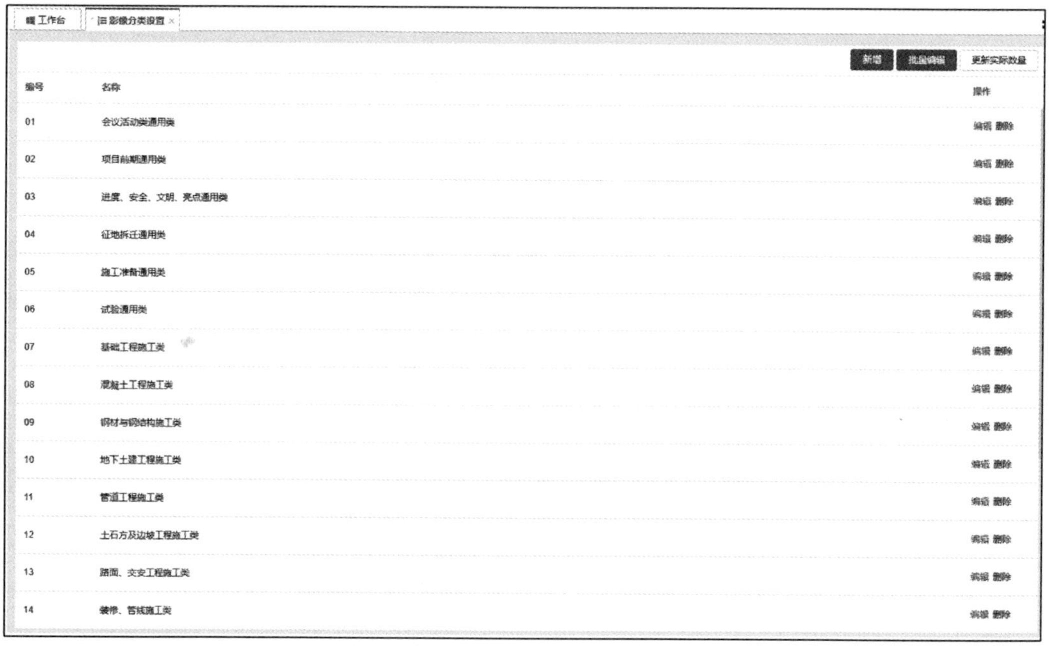

图 5-22 声像文件系统影像文件分类界面

图 5-23　声像文件系统组卷规则设置界面

图 5-24　声像文件系统影像采集界面

5.8.3　智慧归档

系统在质保资料、声像文件业务模块,均有智慧处理功能,该智慧归档模块,为外来文件提供智慧处理功能。该模块主要通过预设好的规则、正则规则、文件比对以及语音识别等技术手段,实现文件库中文件自动进行智慧归类。主要功能技术点及实现如下:

(1)智能归类。在档案分类、文件类型上设置文件智能匹配规则,系统提供智能一键归类及定时自动智能文件归类功能,采用文件比对、文件清单、规则匹配等技术。功能实现界面如图 5-26 所示。

图 5-25　声像文件系统智慧组卷界面

图 5-26　智慧归档智能归类界面

（2）语音操作。用户通过语音录入，系统智能识别成文字，通过文字智能提取关键字，分析词袋，通过关键字指令代替手工鼠标操作去执行一系列操作，语音指令模板详见本书附录 B。功能实现界面如图 5-27 所示。

（3）自动提取元数据。通过读取文件的属性信息，取到文件的相关元数据信息。功能实现界面如图 5-28 所示。

5 ▶ 公路建设项目电子文件智慧归档系统设计与实现

图 5-27　智慧归档语音操作界面

图 5-28　智慧归档自动提取元数据界面

（4）其他规则设置。其他规则设置界面如图 5-29～图 5-31 所示。

图 5-29　智能归档系统归档分类规则设置界面

图 5-30　智能归档系统文件类型规则设置界面

5 ▶ 公路建设项目电子文件智慧归档系统设计与实现

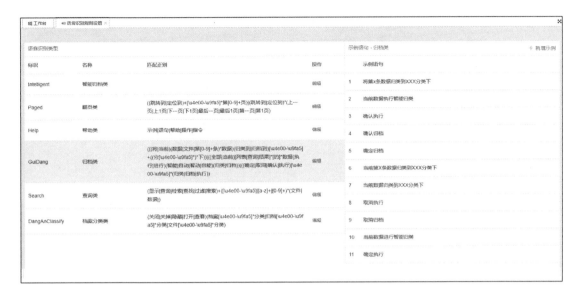

图 5-31　智能归档系统语音智能操作规则设置界面

5.8.4　项目档案

5.8.4.1　文件收集

项目档案文件收集界面如图 5-32 所示。

图 5-32　项目档案文件收集界面

5.8.4.2　组卷管理

项目档案组卷管理界面如图 5-33 ~ 图 5-35 所示。

图 5-33 项目档案组卷管理界面（一）

图 5-34 项目档案组卷管理界面（二）

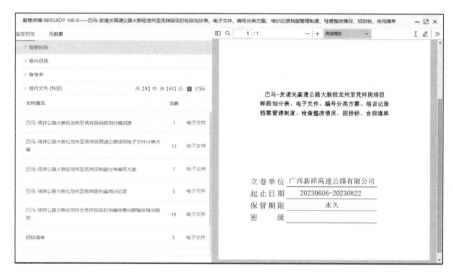

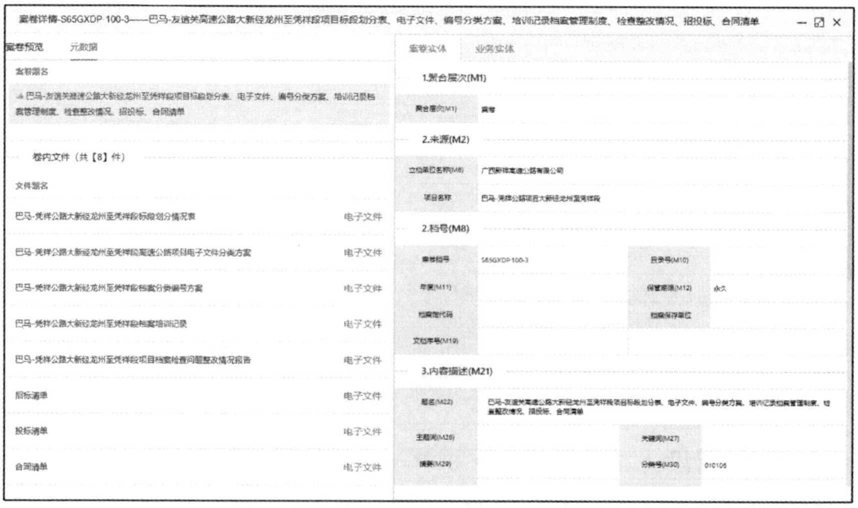

图 5-35 项目档案组卷管理界面（三）

5.8.4.3 案卷编目

项目档案案卷编目界面如图 5-36 和图 5-37 所示。

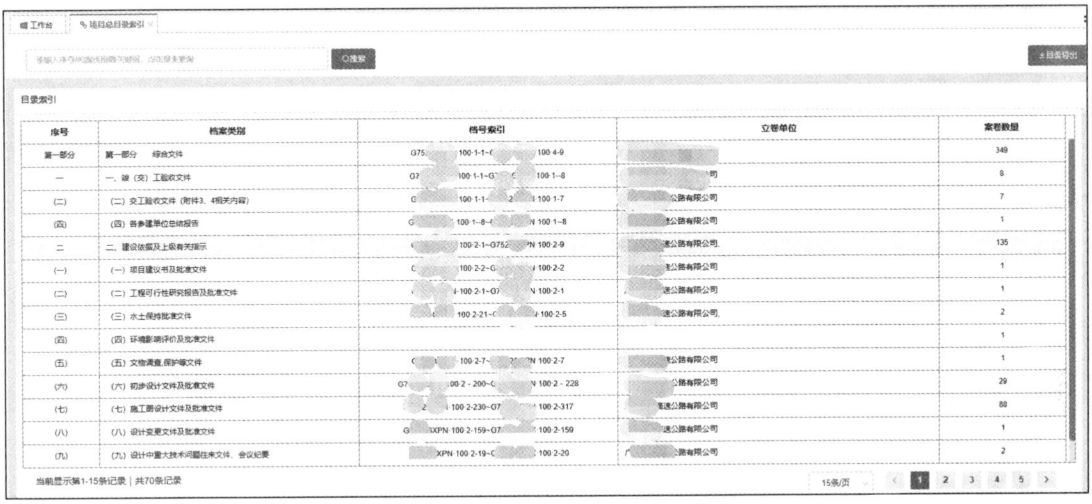

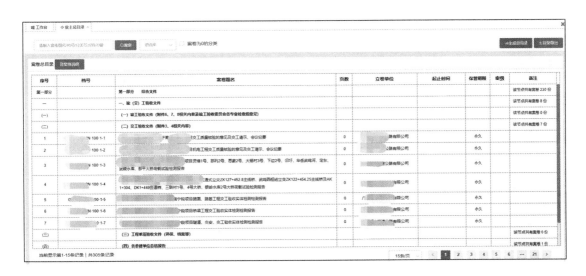

图 5-36　项目档案案卷编目界面(一)

图 5-37　项目档案案卷编目界面(二)

5.8.4.4 基础设置

项目档案基础设置界面如图 5-38 所示。

5.8.5 系统管理

项目档案系统管理界面如图 5-39 所示。

图 5-38　项目档案基础设置界面

图 5-39　项目档案系统管理界面

5.8.6　系统内置清单

本系统已经内置表格模板、文件清单、文件收集和归档范围，同时配置好各类文件的归档规则、四性检查规则、编号编码规则及智慧自动归档规则、语音识别归档规则。

6 研究总结与展望

公路建设项目电子文件智慧归档研究是公路建设项目档案智能化、智慧化、数字化管理的基础。本研究首次将比对原理应用到公路档案,编制公路建设项目归档智慧清单,融合机器学习算法解决传统依靠人工判断增量文件归档价值应用到公路建设项目中。根据上文的研究内容,本章将进行归纳总结,并进一步探讨未来可能的研究问题。

6.1 研究结论

本项目在研究与实施过程中充分考察了我国国内公路建设领域同行以及同行业机构的先进经验,借鉴了相关领域项目开展思路,结合公路建设项目档案数据管理实际情况和研究团队多年的工作体会,形成了一些富有见地的研究结论。

第一,本研究应用的主要核心技术原理归结为"比对"和"机器学习算法"。主要基于 BLAST 和文本相似度算法比对原理,将公路文件材料分类方案、归档范围和保管期限编绘成一套公路建设项目"三表合一"的智慧清单,连同行业标准、设计文件、计量清单、归档规则植入业务系统,计算机自动比对,实现自动归档。系统自动记忆重复两次以上有价值的增量文件的核心信息,自动提示增量文件的采集与归档。

第二,设计实现公路建设项目智慧归档系统。依据档案数据集成系统,公路建设期业务系统增设了"智能归档"功能模块。通过自动化、智能化的手段,对公路建设期的各类业务数据进行高效、准确的归档处理。智慧归档系统实现了智能排查归档文件的真实性、完整性、可用性和安全性。目前开发的电子文件智慧归档系统,引入基于 BLAST 和文本相似度算法比对原理技术、机器学习技术,开发公路建设项目电子档案智慧归档系统。系统通过植入"三合一"表,相应的组卷和归档规则,实现电子文件系统自动组卷归档,在线"随办随归档""谁办谁归档"和"归档—验收一体化",实现业务系统到档案系统的智能"一键归档"。

第三,本研究首次将比对原理和机器学习应用于公路建设项目电子文件归档管理,丰富了比对、机器人学习原理的应用范围,打破了归档边界,延伸至公路行业。传统的归档方式受限于人工操作和纸质档案的限制,而智慧归档实现对公路建设项目电子文件的自动抓取,智能分类与标签化,实现了公路建设项目档案电子化、数字化的管理。在数据归档过程中,系统通过对比数据之间的相似性和差异性,确保归档数据的准确性和完整性。这为公路建设项目提供了更高效、更准确的档案管理方式,为项目的顺利进行提供了有力保障。

第四,通过调研公路建设项目常见的业务系统和集成平台的电子档案管理系统,分析电子文件属性、类别族群、来源等背景信息包,研究电子档案管理系统原生文本型、业务系统导入型、文本数字化型、声像型等不同类型电子文件特征,建立文件命名规则、元数据著录方案,按归档要求确认电子文件存储格式。

6.2 研究展望

本项目研究解决公路建设项目电子文件智慧归档问题,基于比对原理和机器学习技术设计实现了公路建设项目智慧归档系统。公路建设项目电子文件智慧归档是信息化时代下的必然趋势,它涉及文件的收集、整理、存储、检索等多个环节,是一项繁杂的系统工程。为了全面解决这一复杂问题,需要采取多种综合措施,包括技术、管理、法律等多个方面。但是还有很多工作需要进一步深入探讨,方可有力地推动电子文件智慧归档的创新和发展,为公路建设项目的管理和运营提供有力支持。

一是本研究并未过多涉及法律法规、制度政策、标准规范等问题的探索,而公路建设项目电子文件智慧归档是一项繁杂的系统工程,必定会涉及多种综合措施,这才有助于复杂问题的全面解决。建立明确的电子文件归档管理制度,规范文件的收集、整理、存储、检索等流程,确保归档工作的有序进行。制定统一的电子文件归档标准规范,规范电子文件的格式、命名、存储等方面的要求,提高归档工作的规范性和一致性。

二是随着技术的不断进步,公路建设项目中产生的电子文件在格式、数量、存储需求等方面均呈现出快速增长的趋势。这一变化对电子文件智慧归档系统提出了更高的要求,也带来了一系列技术挑战。公路建设项目中使用的电子文件可能来自多个不同的系统和软件,导致文件格式多种多样。格式多样性增加了归档系统的复杂性和处理难度,需要系统能够支持多种格式的识别和转换。

三是随着公路建设项目电子文件数量的不断增加,对存储空间和安全性的需求也日益迫切。为了应对这些挑战,必须采取有效的应对策略,如扩展存储能力、加强数据完整性保护、提高数据安全性以及建立完善的备份和容灾机制等。只有这样,才能确保电子文件的安全存储和有效利用,为公路建设项目提供有力的信息支持。

附录 A

WebAPI 接口及与各业务系统实现数据交互

A.1 接口基础配置

A.1.1 接口服务基础配置项

(1) 接口服务地址:{rootUrl}:http://xxx.xxx.xxx:xxxx
(2) 档案系统编码:(DocSystemCode):xxxxxx
(3) 在档案管理系统注册的系统 ID (extSystemId):xxxxxxxx-xxxx-xxxx-xxxx-xxxxxxxxxxxx

A.1.2 获取 token 接口

系统在使用其他接口前,需先获取 token 值,每一次获取的 token 值有效时长为 2 小时,建议做缓存处理。在调用其他接口时,均需在 header 带上该 token 值。

1. 请求说明

(1) 请求方式:GET
(2) 请求 URL:{rootUrl}/api/ext/token

2. Header 参数说明

参数	必须?	说明
无	无	无

3. 参数说明

参数	必须?	说明
from	是	请求来自的系统,在档案项目中注册得到或由档案系统给定

4. 返回说明

(1) 正确返回说明。

```
{
    "code":200,
    "info":"操作成功",
    "data":{
        "access_token":"token 的值"
        "expires_in":7200
    }
}
```

参数	说明
access_token	获取到的凭证
expires_in	凭证的有效时间(秒)

(2) 错误返回说明。

```
{
    "code":400/500,
    "info":"操作失败/异常",
    "data":null
}
```

A.2 与计量支付业务系统归档设计与实现

A.2.1 获取文件分类接口 fileClassifiesForEP2000

获取指定档案系统下的同管理文件、变更资料对应文件分类接口。

序号	文件分类	标准文件分类节点
1	第四部分 施工资料/七、合同管理文件	0406
2	第四部分 施工资料/七、合同管理文件/(一)变更资料	040701
3	第三部分 监理资料/五、其他文件	0305

1. 请求说明

(1) 请求方式:GET

(2) multipart/form-data

(3) 请求 URL:{rootUrl}/api/ext/fileClassifiesForEP2000

2. Header 参数说明

参数	必须？	说明
token	是	请求凭证

3. 参数说明

参数	必须？	说明
systemId	是	计量系统合同段配置的参数(项目档案提供)
extProjCode	是	计量系统项目编码(项目档案提供)
extHtno	是	计量系统合同段 htno
projCode	是	项目档案提供的项目编码(项目档案提供)
stSysCode	是	标准文件分类节点 COde(项目档案提供)

4. 返回说明

(1)正确返回说明。

```
{
"code":200,
"info":"操作成功",
"data":{
                "id":"值",
                "label":"显示值",
                "disabled":"true/false,是否禁用",
                "leaf":"true/false,是否末级",
                "data":{
                        "id":"分类 id",
                        "parentId":"父级 ID",
                        "code":"分类编码",
                        "name":"分类名称"
                        }
            }
}
```

(2)错误返回说明。

```
{
"code":400/500,
"info":"操作失败/异常",
"data":null}
```

A.2.2 提交文件数据和上传文件实体接口 submit-archive

该接口实际为 submit-archive-data-by-parm、upload-archive-file-by-parm 接口功能的组合,即提交数据的同时上传文件,根据实际情况和性能对比选择使用即可。

1. 请求说明

(1)请求方式:POST

(2)multipart/form-data

(3)请求 URL:{rootUrl}/api/ext/submit-archive

2. Header 参数说明

参数	必须?	说明
token	是	请求凭证

3. 参数说明

参数	必须?	说明
projCode	是	项目编码
formData	是	提交的数据实体
archiveFiles	是	File 数据,PDF 文件实体

4. 返回说明

(1)正确返回说明。

```
{
"code":200,
"info":"操作成功",
"data":{
"projectFileId":"档案系统下的文件数据 ID,建议与本系统的当前数据对应保存起来,为下次重新提交时做更新处理",
"code":"文件编号",
"securityLevel":"密级",
"title":"文件题名",
"dataId":"源系统,当前数据的 ID 值",
"dataTable":"源系统,当前数据的数据表名",
"fileClassifyId":"归档到档案系统下文件分类的 ID",
"fileTime":"文件时间",
"pageNum":"文件页数"
}
}
```

(2)错误返回说明。

{
    "code":400/500,
    "info":"操作失败/异常",
    "data":null}

A.3 与试验检测业务系统归档设计与实现

A.3.1 通过 parentId 逐层获取 WBS 数据(直到工序) get-wbs-by-parentid

该接口通过 parentId 会一直获取到工序节点数据。

1. 请求说明

(1)请求方式:Get

(2)请求 URL:{rootUrl}/api/ext/get-wbs-by-parentid

2. Header 参数说明

参数	必须?	说明
token	是	请求凭证

3. 参数说明

参数	必须?	说明
extSystemId	是	试验软件在档案系统注册的 ID
DocSystemCode	是	档案系统编码
projCode	是	试验软件中的具体项目编码
Htno	是	试验软件中的合同段编号,如 1、2、3
parentId	是	0 为顶层。档案系统的工程部位父级 ID

4. 返回说明

(1)正确返回说明。

{
    "code":200,
    "info":"操作成功",
    "data":[
      {
        "F_Id":"",
        "F_ParentId":"0",
        "F_ProjCode":"demo",

```
                    "F_Htno":"1",
                    "F_WbsNo":"01",
                    "F_WbsName":"路基工程",
                    "F_WbsProperty":"01",
                    "F_Position":null,
                    "F_IsStdWbs":true,
                    "F_Std_WbsNo":"01",
                    "F_FullPath":"路基工程",
              "ChildrenCount":2,
                    "F_NodeState":-1
                }
             ]
}
```

(2)错误返回说明。

```
{
              "code":400/500,
              "info":"操作失败/异常",
              "data":null
}
```

A.3.2 获取指定标段的 WBS 数据(直到工序)get-ht-wbs

该接口通过 parentId 会一直获取到工序节点数据。

1.请求说明

(1)请求方式:Get

(2)请求 URL:{rootUrl}/api/ext/get-ht-wbs

2.Header 参数说明

参数	必须?	说明
token	是	请求凭证

3.参数说明

参数	必须?	说明
extSystemId	是	试验软件在档案系统注册的 ID
DocSystemCode	是	档案系统编码
projCode	是	试验软件中的具体项目编码
Htno	是	试验软件中的合同段编号,如 1、2、3

续上表

参数	必须?	说明

Pagination	是	分页参数,数据格式如下:
		{
		"rows":15, //每页行数
		　　"page":1, //当前页
		　　"sidx":"F_WbsNo", //排序
		　　"sord":"asc", // 排序类型
		　　"records":0, // 总记录数
		　　"total":0 //总页数
		}

4. 返回说明

(1)正确返回说明。

{
　　　　　"code":200,
　　　　　"info":"操作成功",
　　　　　"data":{
　　　　　　"datas":[
　　　　　　　{
　　　　　　　"F_Id":"",　　　　　//ID
　　　　　　　"F_ParentId":"0",　　//父级ID
　　　　　　　"F_ProjCode":"demo",　//项目编码
　　　　　　　"F_Htno":"1",　　　　//合同段
　　　　　　　"F_WbsNo":"01", //项目划分编号
　　　　　　　"F_WbsName":"路基工程",
　　　　　　　"F_WbsProperty":"01", //01-单位工程;02-分部工程;03-分项工程;04-工序
　　　　　　　"F_Position":null,　　//桩号
　　　　　　　"F_IsStdWbs":true,　　//是否为标准项目划分
　　　　　　　"F_Std_WbsNo":"01",　//对应的标准项目划分编号
　　　　　　　"F_FullPath":"路基工程", //全路径名称
　　　　　　　"ChildrenCount":2　　　//子节点数
　　　　　　　　"F_NodeState":-1　　// -1:该节点无须做资料;0-未开始;1-进行中;2-已完成
　　　　　　　}
　　　　　　],
　　　　　　"pagination":{
　　　　　　　"rows":15,
　　　　　　　"page":1,

```
                        "sidx":"F_WbsNo",
                        "sord":"asc",
                        "records":5757,
                        "total":384
            }
      }
}
```

（2）错误返回说明。
```
{
"code":400/500,
"info":"操作失败/异常",
"data":null
}
```

A.3.3 提交现场试验报告数据相关接口

A.3.3.1 提交试验报告数据(File 数据)upload-testReport-file

该接口为上传试验报告文件及相关数据。

1. 请求说明

（1）请求方式：POST

（2）multipart/form-data

（3）请求 URL：{rootUrl}/api/ext/upload-testReport-file

2. Header 参数说明

参数	必须？	说明
token	是	请求凭证

3. 参数说明

参数	必须？	说明
extSystemId	是	试验软件在档案系统注册的 ID
DocSystemCode	是	档案系统编码
formData	是	提交的数据实体，数据格式为： { "projCode":"具体项目编码(试验软件)", "htNo":"合同段编号(试验软件)", "companyCode":"试验报告所属的单位编号(试验软件)", "wbsNo":"档案管理系统 Wbs 划分编号 F_WbsNo", "wbsFullName":"档案管理系统 Wbs 划分完整路径 F_FullPath", "position":"试验软件填写的具体桩号部位",

续上表

参数	必须?	说明

formData	是	"testReportTypeNo":"试验报告类型编号(试验软件)",
		"TaskUUId":"检测报告ID,唯一标识一份报告",
		"testNo":"检测报告编号",
		"testReportTitle":"报告标题(路基路面压实度试验检测报告test)",
		"testDate":"检测日期:YYYY-MM-dd",
		"designValue":"设计值、代表值。如水泥混凝土试件抗压强度评定(立方体)的:XX(MPa)",
		"testConclusion":"检测结论",
		"separateStatement":"附加声明",
		"isSeal":0(是否已进行电子签章),
		"testReportProps":[(指标数据列表)
		  {
		    "propertyNo":"TestNo(指标项编号)",
		    "ratedValue":"规定值或设计值",
		    "measuredValue":"qq-test-001(实测值)",
		    "singleJudgement":"(单项判断)"
		  },
		  {
		    "propertyNo":"01",
		    "ratedValue":"",
		    "measuredValue":"312.50",
		    "singleJudgement":""
		  }
		]

pdfFile	是	File数据,试验报告对应的PDF文件

4. 返回说明

(1)正确返回说明。

```
{
    "code":200,
    "info":"操作成功",
    "data":null
}
```

(2)错误返回说明。

```
{
    "code":400/500,
    "info":"操作失败/异常",
    "data":null
}
```

A.3.3.2 提交试验报告数据(base64) upload-testReport-file-base64

该接口为上传试验报告文件及相关数据。

1. 请求说明

(1) 请求方式：POST

(2) multipart/form-data

(3) 请求 URL：{rootUrl}/api/ext/upload-testReport-file-base64

2. Header 参数说明

参数	必须？	说明
token	是	请求凭证

3. 参数说明

参数	必须？	说明
extSystemId	是	试验软件在档案系统注册的 ID（由安拓提供）
DocSystemCode	是	档案系统编码（固定，由安拓提供）

formData	是	提交的数据实体，数据格式为：
		{
		"projCode":"具体项目编码（试验软件）",
		"htNo":"合同段编号（试验软件）",
		"companyCode":"试验报告所属的单位编号（试验软件）",
		"wbsNo":"档案管理系统 Wbs 划分编号 F_WbsNo",
		"wbsFullName":"档案管理系统 Wbs 划分完整路径 F_FullPath",
		"position":"试验软件填写的具体桩号部位",
		"testReportTypeNo":"试验报告类型编号（试验软件）",
		"TaskUUId":"检测报告 ID，唯一标识一份报告",
		"testNo":"检测报告编号",
		"testReportTitle":"报告标题（路基路面压实度试验检测报告 test）",
		"testDate":"检测日期：YYYY-MM-dd",
		"designValue":"设计值、代表值。如水泥混凝土试件抗压强度评定（立方体）的：XX（MPa）",
		"testConclusion":"检测结论",
		"separateStatement":"附加声明",
		"isSeal":0（是否已进行电子签章），
		"testReportProps":[指标数据列表]
		{
		"propertyNo":"TestNo（指标项编号）",
		"ratedValue":"规定值或设计值",
		"measuredValue":"qq-test-001（实测值）",
		"singleJudgement":"（单项判断）"
		},
		{
		"propertyNo":"01",
		"ratedValue":"",
		"measuredValue":"312.50",
		"singleJudgement":""
		}
		],
		"pdfFile":"试验检测记录对应的 PDF 文件 base64 数据"
		}

4. 返回说明

(1)正确返回说明。

$$
\{\\
"code":200,\\
"info":"操作成功",\\
"data":null\\
\}
$$

(2)错误返回说明。

$$
\{\\
"code":400/500,\\
"info":"操作失败/异常",\\
"data":null\\
\}
$$

A.3.3.3 【推荐采用此接口】提交试验报告数据(报告文件以链接地址的方式提供) upload-testReport-file-url

该接口为上传试验报告文件及相关数据。

1. 请求说明

(1)请求方式:POST

(2)multipart/form-data

(3)请求 URL:{rootUrl}/api/ext/upload-testReport-file-url

2. Header 参数说明

参数	必须?	说明
token	是	请求凭证

3. 参数说明

参数	必须?	说明
extSystemId	是	试验软件在档案系统注册的 ID
DocSystemCode	是	档案系统编码
formData	是	提交的数据实体,数据格式为: { "projCode":"具体项目编号(试验软件)", "htNo":"合同段编号(试验软件)", "companyCode":"试验报告所属的单位编号(试验软件)", "wbsNo":"档案管理系统 Wbs 划分编号 F_WbsNo", "wbsFullName":"档案管理系统 Wbs 划分完整路径 F_FullPath", "position":"试验软件填写的具体桩号部位",

续上表

参数	必须？	说明

formData	是	"testReportTypeNo":"试验报告类型编号(试验软件)",
		"TaskUUId":"检测报告ID,唯一标识一份报告",
		"testNo":"检测报告编号",
		"testReportTitle":"报告标题(路基路面压实度试验检测报告test)",
		"testDate":"检测日期:YYYY-MM-dd",
		"designValue":"设计值、代表值。如水泥混凝土试件抗压强度评定(立方体)的:XX(MPa)",
		"testConclusion":"检测结论",
		"separateStatement":"附加声明",
		"isSeal":0(是否已进行电子签章),
		"testReportProps":[(指标数据列表)
		 {
		  "propertyNo":"TestNo(指标项编号)",
		  "ratedValue":"规定值或设计值",
		  "measuredValue":"qq-test-001(实测值)",
		  "singleJudgement":"(单项判断)"
		 },
		 {
		  "propertyNo":"01",
		  "ratedValue":"",
		  "measuredValue":"312.50",
		  "singleJudgement":""
		 }
		],
		"TestReportPdfFileUrl":"试验报告对应的PDF文件链接地址:http://xxx.xxx.xxx/xxx.pdf"
		}

4.返回说明

(1)正确返回说明。

{
  "code":200,
  "info":"操作成功",
  "data":null
}

(2)错误返回说明。

{
  "code":400/500,
  "info":"操作失败/异常",
  "data":null
}

A.3.3.4 【推荐采用此接口】提交试验检测记录数据(检测记录文件以链接地址的方式提供)upload-testRecord-file-url

该接口为上传试验报告文件及相关数据。

1. 请求说明

(1) 请求方式：POST
(2) multipart/form-data
(3) 请求 URL：{rootUrl}/api/ext/upload-testRecord-file-url

2. Header 参数说明

参数	必须?	说明
token	是	请求凭证

3. 参数说明

参数	必须?	说明
extSystemId	是	试验软件在档案系统注册的 ID
DocSystemCode	是	档案系统编码

formData	是	提交的数据实体，数据格式为：
		{
		"projCode"："具体项目编号(试验软件)",
		"htNo"："合同段编号(试验软件)",
		"companyCode"："试验报告所属的单位编号(试验软件)",
		"wbsNo"："档案管理系统 Wbs 划分编号 F_WbsNo",
		"wbsFullName"："档案管理系统 Wbs 划分完整路径 F_FullPath",
		"position"："试验软件填写的具体桩号部位",
		"testReportTypeNo"："试验记录类型编号(试验软件)",
		"TaskUUId"："检测报告 ID,唯一标识一份报告",
		"testNo"："所属的试验报告编号",
		"testRecordNo"："检测记录编号",
		"testReportTitle"："报告标题(路基路面压实度试验检测报告 test)",
		"testDate"："检测日期：YYYY-MM-dd",
		"designValue"："设计值、代表值。如水泥混凝土试件抗压强度评定(立方体)的：XX(MPa)",
		"testConclusion"："检测结论",
		"separateStatement"："附加声明",
		"isSeal":0(是否已进行电子签章),
		"certifyFlag":0(是否证明材料等附件。如果是,则不需要签字。0 = 否,1 = 是),
		"TestRecordPdfFileUrl"："试验检测记录对应的 PDF 文件链接地址：http://xxx.xxx.xxx/xxx.pdf"
		}

4. 返回说明

(1) 正确返回说明。

$$\{\\ "code":200,\\ "info":"操作成功",\\ "data":null\\ \}$$

(2) 错误返回说明。

$$\{\\ "code":400/500,\\ "info":"操作失败/异常",\\ "data":null\\ \}$$

A.3.3.5 删除指定试验报告编号对应的相关记录数据(包括检测记录) del-TestBg

该接口为删除试验报告编号对应的文件及相关数据。

1. 请求说明

(1) 请求方式:POST

(2) multipart/form-data

(3) 请求 URL:{rootUrl}/api/ext/del-TestBg

2. Header 参数说明

参数	必须？	说明
token	是	请求凭证

3. 参数说明

参数	必须？	说明
extSystemId	是	试验软件在档案系统注册的 ID
DocSystemCode	是	档案系统编码

formData	是	提交的数据实体,数据格式为:
		{
		"projCode":"具体项目编码(试验软件)",
		"TaskUUId":"检测报告 ID,唯一标识一份报告"
		}

4. 返回说明

(1) 正确返回说明。

```
{
    "code":200,
    "info":"操作成功",
    "data":null
}
```

(2) 错误返回说明。

```
{
    "code":400/500,
    "info":"操作失败/异常",
    "data":null
}
```

A.3.4 提交归档材料及标准试验报告相关接口

A.3.4.1 获取文件分类接口 get-classifies-node-by-Param

该接口通过获取指定档案系统下的文件分类。

1. 请求说明

(1) 请求方式:Get

(2) 请求 URL:{rootUrl}/api/ext/get-classifies-node-by-Param

2. Header 参数说明

参数	必须?	说明
token	是	请求凭证

3. 参数说明

参数	必须?	说明
extSystemId	是	试验软件在档案系统注册的 ID
DocSystemCode	是	档案系统编码
projCode	是	试验软件中的具体项目编码
typeName	是	单位类型:建设、监理、施工
value	是	单位值: 建设单位:建设单位唯一标识 监理单位:监理标段唯一标识 施工单位:合同段唯一标识

4. 返回说明

(1) 正确返回说明。

```
{
"code":200,
"info":"操作成功",
"data":[
    {
    "id":"值",
    "label":"显示值",
    "disabled":"true/false,是否禁用",
    "leaf":"true/false,是否末级"
    "data":{
        "id":"分类id",
        "parentId":"父级ID",
        "code":"分类编码",
        "name":"分类名称"
        }
    },
    {
    "id":"值",
    "label":"显示值",
    "disabled":"true/false,是否禁用",
    "leaf":"true/false,是否末级"
    "data":{
        "id":"分类id",
        "parentId":"父级ID",
        "code":"分类编码",
        "name":"分类名称"
        }
    }
]
}
```

(2) 错误返回说明。

```
{
"code":400/500,
"info":"操作失败/异常",
"data":null
}
```

A.3.4.2 提交归档的数据（文件以链接地址的方式提供）submit-archive-data-by-parm

该接口为提交文件字段数据。

1. 请求说明

（1）请求方式：POST

（2）multipart/form-data

（3）请求 URL：http://web.epdoc.com.cn:26001/api/ext/submit-archive-data-by-parm

2. Header 参数说明

参数	必须？	说明
token	是	请求凭证

3. 参数说明

参数	必须？	说明
extSystemId	是	试验软件在档案系统注册的 ID
DocSystemCode	是	档案系统编码
projCode	是	试验软件中的具体项目编码
typeName	是	单位类型：建设、监理、施工
value	是	单位值： 建设单位：建设单位唯一标识 监理单位：监理标段唯一标识 施工单位：合同段唯一标识

formData	是	提交的数据实体，数据格式为：
		{
		"code":"文件编号",
		"securityLevel":"密级",
		"title":"文件题名",
		"dataId":"源系统,当前数据的 ID 值",
		"dataTable":"源系统,当前数据的数据表名",
		"fileClassifyId":"归档到档案系统下文件分类的 ID",
		"fileTime":"文件时间",
		"dutyUser":"责任者",
		"createUserAccount":"提交已归档的账号",
		"createUserRealName":"提交已归档的姓名",
		"projectFileId":"保存在档案系统下的文件数据 ID,null-为新增,若在具体值时,则为根据该值在档案系统上更新相应的数据,若在档案系统上找不到该对应的数据,则当新增处理",
		"pdfFileUrl":"试验检测记录对应的 PDF 文件链接地址：http://xxx.xxx.xxx/xxx.pdf"
		}

4. 返回说明

(1) 正确返回说明。

```
{
"code":200,
"info":"操作成功",
"data":{
"projectFileId":"档案系统下的文件数据ID",
"code":"文件编号",
"securityLevel":"密级",
"title":"文件题名",
"dataId":"源系统,当前数据的ID值",
"dataTable":"源系统,当前数据的数据表名",
"fileClassifyId":"归档到档案系统下文件分类的ID",
"fileTime":"文件时间",
"pageNum":"文件页数"
}
}
```

(2) 错误返回说明。

```
{
          "code":400/500,
          "info":"操作失败/异常/具体失败原因",
          "data":null
}
```

说明：formData 参数中的 fileTime 为 string 格式，且必须为 yyyy-MM-dd hh:mm:ss 形式。

A.4 与 OA 系统归档设计与实现

A.4.1 通用获取目标档案项目接口 get-project-by-parm

在 OA 系统提交文件归档时，需知道提交文档到哪个档案项目系统，此接口为获取目标档案项目数据。该值可以不是 companyId，需和待传入归档的公司约定。

1. 请求说明

(1) 请求方式：GET

(2) multipart/form-data

(3) 请求 URL：{rootUrl}/api/ext/get-project-by-parm

2. Header 参数说明

参数	必须？	说明
token	是	请求凭证

3. 参数说明

参数	必须？	说明
ParmCode	是	对接单位约定的待对接的项目的值

4. 返回说明

正确返回说明。

```
{
"code":200,
"info":"操作成功",
"data":[
{
"id":"",
"projCode":"",
"projName":"",
},
{
"id":"",
"projCode":"",
"projName":"",
}
]
}
```

A.4.2 获取项目标段接口 get-htds-by-parm

在 OA 系统提交文件归档时，需知道提交文档到项目的哪个标段，此接口为获取目标档案项目数据。包含提交到业主单位、施工单位、监理单位等。

1. 请求说明

(1) 请求方式：GET
(2) multipart/form-data
(3) 请求 URL：{rootUrl}/api/ext/get-htds-by-parm

2. Header 参数说明

参数	必须？	说明
token	是	请求凭证

3. 参数说明

参数	必须？	说明
ParmCode	是	对接单位约定的待对接的项目的值
projCode	是	项目编码

4. 返回说明

正确返回说明。

```
{
"code":200,
"info":"操作成功",
"data":[
{
"F_Id":"",
"F_CompanyTypeName":"",
"F_FullName":"",
"F_JLHtno":"",
"F_Htno":"",
"F_IsTest":""
},
{
"F_Id":"",
"F_CompanyTypeName":"",
"F_FullName":"",
"F_JLHtno":"",
"F_Htno":"",
"F_IsTest":""
}
]
}
```

A.4.3 获取文件分类接口 get-classifies-node-by-Param

提交文件归档需指定对应的文件类，由用户决定提交到哪个文件分类下的功能时使用，获取指定档案系统下的文件分类接口。

1. 请求说明

（1）请求方式：GET

（2）multipart/form-data

（3）请求 URL：{rootUrl}/api/ext/get-classifies-node-by-Param

2. Header 参数说明

参数	必须？	说明
token	是	请求凭证

3. 参数说明

参数	必须？	说明
projCode	是	项目编码
ParmCode	是	对接单位约定的待对接的项目的值
Htno	见说明	施工单位，合同段
jLCompanyName	见说明	监理单位名称
JLHtno	见说明	监理标段

后三个参数的说明：

若推送资料到建设单位，则 Htno、jLCompanyName、JLHtno 三个字段为空；

若推送资料到施工单位，则 Htno 不可为空；

若推送资料到监理单位，则 JLHtno 不可为空，或 Htno + jLCompanyName 两个字段不可为空。

4. 返回说明

（1）正确返回说明。

{
"code":200,
"info":"操作成功",
"data":[
{
"id":"值",
"label":"显示值",
"disabled":"true/false,是否禁用",
"leaf":"true/false,是否末级",
"data":{
"id":"分类id",

```
                    "parentId":"父级 ID",
                    "code":"分类编码",
                    "name":"分类名称"
                }
            },
            {
                "id":"值",
                "label":"显示值",
                "disabled":"true/false,是否禁用",
                "leaf":"true/false,是否末级",
                "data":{
                    "id":"分类 id",
                    "parentId":"父级 ID",
                    "code":"分类编码",
                    "name":"分类名称"
                }
}
]
            }
```
（2）错误返回说明。
```
{
                    "code":400/500,
                    "info":"操作失败/异常",
                    "data":null
}
```

A.4.4 提交归档文件数据接口 submit-archive-data-by-parm

该接口为提交文件字段数据。

1. 请求说明

（1）请求方式：POST

（2）multipart/form-data

（3）请求 URL：{rootUrl}/api/ext/submit-archive-data-by-parm

2. Header 参数说明

参数	必须？	说明
token	是	请求凭证

3. 参数说明

参数	必须?	说明
projCode	是	项目编码
ParmCode	是	对接单位约定的待对接的项目的值
Htno	见说明	施工单位,合同段
jLCompanyName	见说明	监理单位名称
JLHtno	见说明	监理标段

formData	是	提交的数据实体,数据格式为:
		{
		"code":"文件编号",
		"securityLevel":"密级",
		"title":"文件题名",
		"dataId":"源系统,当前数据的ID值",
		"dataTable":"源系统,当前数据的数据表名",
		"fileClassifyId":"归档到档案系统下文件分类的ID",
		"fileTime":"文件时间",
		"dutyUser":"责任者",
		"createUserAccount":"提交已归档的账号",
		"createUserRealName":"提交已归档的姓名",
		"projectFileId":"保存在档案系统下的文件数据ID,null-为新增,若有具体值时,则为根据该值在档案系统上更新相应的数据,若在档案系统上找不到该对应的数据,则当新增处理"
		}

标段的相关说明:

若推送资料到建设单位,则 Htno、jLCompanyName、JLHtno 三个字段为空;

若推送资料到施工单位,则 Htno 不可为空;

若推送资料到监理单位,则 JLHtno 不可为空,或 Htno + jLCompanyName 两个字段不可为空。

4. 返回说明

(1)正确返回说明。

{
"code":200,
"info":"操作成功",
"data":{
"projectFileId":"档案系统下的文件数据 ID,建议与本系统的当前数据对应保存起来,为下次重新提交时做更新处理",
"code":"文件编号",
"securityLevel":"密级",
"title":"文件题名",
"dataId":"源系统,当前数据的 ID 值",
"dataTable":"源系统,当前数据的数据表名",
"fileClassifyId":"归档到档案系统下文件分类的 ID",

″fileTime″:″文件时间″,
″pageNum″:″文件页数″
}
}

(2)错误返回说明。
{
″code″:400/500,
″info″:″操作失败/异常/具体失败原因″,
″data″:null
}
说明:formData 参数中的 fileTime 为 string 格式,且必须为 yyyy-MM-dd hh:mm:ss 形式。

A.4.5 提交归档 PDF 电子文件实体接口(PDF 文件实体)upload-archive-file-by-parm

该接口为上传待归档的正式文件,需是 PDF 格式。此接口为单独上传归档文件,在上传归档文件实体前,需先获取档案系统上的文件 ID 值,第一次提交归档时,可先通过 submit-archive-data-by-parm 接口保存数据成功返回后再上传文件实体,若非初次提交,则可直接从初次提交时保存下来的文件 ID 取值。

1. 请求说明

(1)请求方式:POST

(2)multipart/form-data

(3)请求 URL:{rootUrl}/api/ext/upload-archive-file-by-parm

2. Header 参数说明

参数	必须?	说明
token	是	请求凭证

3. 参数说明

参数	必须?	说明
projCode	是	项目编码
projectFileId	是	通过第6点提交数据之后,返回的文件数据的文件 ID 值
ParmCode	是	对接单位约定的待对接的项目的值
Htno	见说明	施工单位,合同段
jLCompanyName	见说明	监理单位名称
JLHtno	见说明	监理标段
archiveFiles	是	File 数据,PDF 文件实体

标段的相关说明:

若推送资料到建设单位,则 Htno、jLCompanyName、JLHtno 三个字段为空;

若推送资料到施工单位,则 Htno 不可为空;

若推送资料到监理单位,则 JLHtno 不可为空,或 Htno + jLCompanyName 两个字段不可为空;

4.返回说明

(1)正确返回说明。

```
{
"code":200,
"info":"操作成功",
"data":[
{
"id":"",
"fileName":"",
"originalName":"",
"fileExt":"",
"fileSize":"",
"pageNum":""
},
{
"id":"",
"fileName":"",
"originalName":"",
"fileExt":"",
"fileSize":"",
"pageNum":""
}
]
}
```

参数	说明
Id	文件 id
fileName	保存到档案系统重命名后的文件名
originalName	原始文件名
fileExt	扩展名
fileSize	文件大小
pageNum	文件页数

(2)错误返回说明。
{
"code":400/500,
"info":"操作失败/异常",
"data":null
}

A.4.6 提交归档 PDF 电子文件实体接口(Base64 文件实体)

该接口为上传待归档的正式文件,需是 PDF 格式。此接口为单独上传归档文件,在上传归档文件实体前,需先获取档案系统上的文件 ID 值,第一次提交归档时,可先通过 submit-archive-data-by-parm 接口保存数据成功返回后再上传文件实体,若非初次提交,则可直接从初次提交时保存下来的文件 ID 取值。

1. 请求说明

(1)请求方式:POST

(2)multipart/form-data

(3)请求 URL:{rootUrl}/api/ext/upload-archive-file-by-parm

2. Header 参数说明

参数	必须?	说明
token	是	请求凭证

3. 参数说明

参数	必须?	说明
projCode	是	项目编码
projectFileId	是	通过第6点提交数据之后,返回的文件数据的文件 ID 值
ParmCode	是	对接单位约定的待对接的项目的值
Htno	见说明	施工单位,合同段
jLCompanyName	见说明	监理单位名称
JLHtno	见说明	监理标段
archiveFiles	是	Base64 数据,PDF 文件转成 Base64 的字符串

标段的相关说明:

若推送资料到建设单位,则 Htno、jLCompanyName、JLHtno 三个字段为空;

若推送资料到施工单位,则 Htno 不可为空;

若推送资料到监理单位,则 JLHtno 不可为空,或 Htno + jLCompanyName 两个字段不可为空。

4.返回说明

(1)正确返回说明。

```
{
"code":200,
"info":"操作成功",
"data":[
{
"id":"",
"fileName":"",
"originalName":"",
"fileExt":"",
"fileSize":"",
"pageNum":""
},
{
"id":"",
"fileName":"",
"originalName":"",
"fileExt":"",
"fileSize":"",
"pageNum":""
}
]
}
```

参数	说明
Id	文件id
fileName	保存到档案系统重命名后的文件名
originalName	原始文件名
fileExt	扩展名
fileSize	文件大小
pageNum	文件页数

(2)错误返回说明。

```
{
"code":400/500,
"info":"操作失败/异常",
"data":null
}
```

A.4.7 提交文件数据和上传文件实体接口 submit-archive

该接口实际为 submit-archive-data-by-parm、upload-archive-file-by-parm 接口功能的组合，即提交数据的同时上传文件，根据实际情况和性能对比选择使用即可。

1. 请求说明

（1）请求方式：POST

（2）multipart/form-data

（3）请求 URL：{rootUrl}/api/ext/submit-archive

2. Header 参数说明

参数	必须？	说明
token	是	请求凭证

3. 参数说明

参数	必须？	说明

formData	是	提交的数据实体，数据格式为：
		{
		"code":"文件编号",
		"securityLevel":"密级",
		"title":"文件题名",
		"dataId":"源系统,当前数据的 ID 值",
		"dataTable":"源系统,当前数据的数据表名",
		"fileClassifyId":"归档到档案系统下文件分类的 ID",
		"fileTime":"文件时间",
		"dutyUser":"责任者",
		"createUserAccount":"提交已归档的账号",
		"createUserRealName":"提交已归档的姓名",
		"projectFileId":"保存在档案系统下的文件数据 ID,null-为新增,若有具体值时,则为根据该值在档案系统上更新相应的数据,若在档案系统上找不到对应的数据,则当新增处理"
		}

archiveFiles	是	File 数据,PDF 文件实体

4. 返回说明

（1）正确返回说明。

{
"code":200,
"info":"操作成功",
"data":{
"projectFileId":"档案系统下的文件数据 ID,建议与本系统的当前数据对应保存起来,为下次重新提交时做更新处理",

″code″:″文件编号″,
″securityLevel″:″密级″,
″title″:″文件题名″,
″dataId″:″源系统,当前数据的 ID 值″,
″dataTable″:″源系统,当前数据的数据表名″,
″fileClassifyId″:″归档到档案系统下文件分类的 ID″,
″fileTime″:″文件时间″,
″pageNum″:″文件页数″
}
}

(2)错误返回说明。
{
″code″:400/500,
″info″:″操作失败/异常″,
″data″:null
}

A.4.8 提交文件数据和打包(zip)上传文件实体接口 submit-archive-zip

该接口为 upload-archive-file-by-parm 接口的另一种实现方式,把需上传的文件打包成 ZIP 压缩包上传,尽量减小文件传输的大小。

1. 请求说明

(1)请求方式:POST
(2)multipart/form-data
(3)请求 URL:{rootUrl}/api/ext/submit-archive-zip

2. Header 参数说明

参数	必须?	说明
token	是	请求凭证

3. 参数说明

参数	必须?	说明
projCode	是	项目编码
formData	是	提交的数据实体,数据格式为: { ″code″:″文件编号″, ″securityLevel″:″密级″, ″title″:″文件题名″,

参数	必须？	说明
formData	是	″dataId″:″源系统,当前数据的 ID 值″, ″dataTable″:″源系统,当前数据的数据表名″, ″fileClassifyId″:″归档到档案系统下文件分类的 ID″, ″fileTime″:″文件时间″, ″dutyUser″:″责任者″, ″createUserAccount″:″提交已归档的账号″, ″createUserRealName″:″提交已归档的姓名″, ″projectFileId″:″保存在档案系统下的文件数据 ID,null-为新增,若有具体值时,则为根据该值在档案系统上更新相应的数据,若在档案系统上找不到该对应的数据,则当新增处理″ }
archiveFiles	是	File 数据,PDF 文件打包后的 zip 文件

4.返回说明

(1)正确返回说明。

{
″code″:200,
″info″:″操作成功″,
″data″:{
″projectFileId″:″档案系统下的文件数据 ID,建议与本系统的当前数据对应保存起来,为下次重新提交时做更新处理″,
″code″:″文件编号″,
″securityLevel″:″密级″,
″title″:″文件题名″,
″dataId″:″源系统,当前数据的 ID 值″,
″dataTable″:″源系统,当前数据的数据表名″,
″fileClassifyId″:″归档到档案系统下文件分类的 ID″,
″fileTime″:″文件时间″,
″pageNum″:″文件页数″
}
}

(2)错误返回说明。

{
″code″:400/500,
″info″:″操作失败/异常″,
″data″:null
}

附录 B

语音操作指令模板示例

B.1 帮助类

(1) 显示示例语句；
(2) 如何使用语音操作；
(3) 查看示例帮助；
(4) 我如何发送指令。

B.2 操作类

操作类会存在一定情况的上下文关系，应用场景假设如下：
(1) 翻页，跳转到(定位到)第×页；
(2) 打开(显示/查看)档案分类/分类树/归档分类/文件分类；
(3) 打开(显示/查看)文件类型/种类；
(4) 当前数据归类到×××分类下；
(5) 每当第×条数据归类到×××分类下；
(6) 当前数据执行智能归类。

B.3 查询类

(1) 显示全部文件；
(2) 查找××××文件；
(3) 查询未归类的文件数据；
(4) 检索未归类的文件数据；

(5)检索已归类的文件；
(6)检索已归类的文件数据；
(7)查询已归类的文件数据；
(8)显示全部。

参 考 文 献

[1] 丁海斌.电子文件与电子档案管理[M].沈阳:辽宁大学出版社,2000.
[2] 周耀林,王艳明.电子文件管理概论[M].武汉:武汉大学出版社,2016.
[3] 丁海斌.电子文件管理基础[M].北京:中国档案出版社,2002.
[4] 刘家真.电子文件管理导论[M].武汉:武汉大学出版社,1999.
[5] 杨安莲.中国特色电子文件管理理论体系的建构[M].上海:上海世界图书出版公司,2017.
[6] 王大青,张新建,蒙泓.大数据环境下电子文件管理元数据研究与实践[M].成都:四川人民出版社,2015.
[7] 薛四新.云计算环境下电子文件管理的实现机理[M].上海:世界图书出版上海有限公司,2013.
[8] 肖秋会.电子文件长期保存理论与实践[M].北京:社会科学文献出版社,2014.
[9] 张健.电子文件信息安全管理研究[M].北京:世界图书北京出版公司,2012.
[10] 王志宇.非结构化电子文件管理研究[M].北京:中国社会科学出版社,2023.
[11] 陈晶.电子文件归档与信息管理[M].沈阳:辽宁大学出版社,2019.
[12] 李公法.人工智能与计算智能及其应用[M].武汉:华中科技大学出版社,2020.
[13] 佘玉梅,段鹏.人工智能原理及应用[M].上海:上海交通大学出版社,2018.
[14] 陈亚娟,胡竞,周福亮.人工智能技术与应用[M].北京:北京理工大学出版社,2021.
[15] 姚金玲,阎红.人工智能技术基础[M].重庆:重庆大学出版社,2021.
[16] 黄忠华,王克勇,李银林,等.智能信息处理[M].北京:北京理工大学出版社,2021.
[17] 戈帕尔 M.机器学习及其应用[M].北京:机械工业出版社,2020.
[18] 陈海虹.机器学习原理及应用[M].成都:电子科技大学出版社,2017.
[19] 申红,韩平,张萍.档案管理与智能应用[M].长春:吉林人民出版社,2020.
[20] 毛俊芝,杨柳,赵晖.档案信息与智能应用[M].南京:江苏凤凰美术出版社,2017.
[21] 徐戈,吴景岚,林东亮.大数据与人工智能应用导论[M].成都:电子科技大学出版社,2019.
[22] 曾凌静,黄金凤.人工智能与大数据导论[M].成都:电子科技大学出版社,2020.
[23] 林立忠,王靖,李燕,等.人工智能环境下数字孪生技术应用研究[M].秦皇岛:燕山大学出版社,2020.
[24] 王帅,岳鹏飞,董晗睿,等.基于机器学习的织物疵点检测[J].纺织科技进展,2020(10):25-30.
[25] 丁海斌,赵锦涛.档案数据集成情景下的应用场景研究——以公路建设项目档案管理系统为例[J].浙江档案,2022(4):45-50.
[26] 丁海斌.档案学概论[M].北京:科学出版社,2022
[27] 王英玮,陈智为,刘越男.档案管理学[M].5版.北京:中国人民大学出版社,2021.
[28] 肖秋惠.档案管理概论[M].2版.武汉:武汉大学出版社,2021.

[29] 斯图尔特·罗素,彼得·诺维格.人工智能:现代方法[M].4版.张博雅,陈坤,田超,等,译.北京:人民邮电出版社,2022.

[30] 俞建峰.深度学习:智能机器人应用的理论与实践[M].北京:化学工业出版社,2024.

[31] 张洪朋.深度学习:模型、算法优化与实战[M].北京:中国铁道出版社有限公司,2024.

[32] 张富凯.深度学习:图像检索原理与应用[M].北京:清华大学出版社,2022.

[33] 崔棋纹.人脸识别关键技术与算法研究[D].徐州:中国矿业大学,2020.

[34] 张力柯,潘晖.程序员的AI书:从代码开始[M].北京:电子工业出版社,2020.

[35] 张斌.科技档案工作体系研究[M].北京:光明日报出版社,2021.

[36] 刘洋,林倞.多模态大模型:新一代人工智能技术范式[M].北京:电子工业出版社,2024.

[37] 巴格夫·斯里尼瓦萨-德西坎.自然语言处理与计算语言学[M].何炜,译.北京:人民邮电出版社.2020.

[38] 张荫成,韦世明,罗竟,等.公路建设项目声像档案溯源技术[M].北京:人民交通出版社,2022.

[39] 吉伟,刘朝晖,郑直.公路工程建设项目档案管理理论与方法[M].北京:人民交通出版社股份有限公司,2018.

[40] 王洪涛.高速公路建设项目动态管理理论与实践[M].北京:人民交通出版社股份有限公司,2014.

[41] 广东省高速公路有限公司.高速公路建设项目档案工作使用手册[M].北京:人民交通出版社股份有限公司,2018.

[42] 浙江交投高速公路建设管理有限公司.公路建设项目安全数字化革新与实践[M].北京:人民交通出版社股份有限公司,2023.

[43] 胡文学,丁海斌,赵婧尧,等.电子文件智能归档系统设计实现的演进逻辑与优化策略[J].档案管理,2024(03):34-38.

[44] 丁海斌,何玮,颜晗.云环境下电子档案数据图形化分析系统开发研究[J].中国档案,2024(06):64-66.

[45] 丁海斌,赵婧尧,古鹏翔,等.电子文件智能归档的管理背景与条件[J].档案与建设,2023(11):55-57.

[46] 丁海斌,赵锦涛.数据集成技术在档案管理系统中的应用研究[J].档案管理,2022(06):94-99.

[47] 丁海斌.谈档案信息化革命质变的原因与内涵[J].档案管理,2022(03):5-13.

[48] 李朝霞.建设项目档案工作从双套制走向单套制的破圈之路[J].档案学研究,2024(05):100-106.

[49] 杨阳,郝丽,赖香舟.区块链技术在公路建设项目电子档案管理中的应用[J].浙江档案,2024(11):58-60.

[50] 郑美娟,唐春梅,陈琳.公路建设项目电子文件"来源可靠"的实现路径分析[J].兰台内外,2024(17):1-3.

[51] 张涛,彭景,蔡岭,等.基于电子签章的高速公路建设工程文件归档应用研究[J].工程建设与设计,2023(19):218-220.

[52] 李倍安,刘宪林,刘标永.公路建设项目电子档案单套制的实践研究[J].西部交通科技,2023(01):193-195.

[53] 陈琳,李士东,黄本锐.公路建设项目电子档案在线验收的设计与实现[J].西部交通科技,2023(01):198-201.

[54] 古鹏翔,李倍安,覃荣武.公路建设项目施工原始资料保障机制研究[J].西部交通科技,2023(01):184-186.

[55] 郭留红,高爱民,齐云飞,等.公路建设项目电子文件元数据标准构建研究[J].档案管理,2022(03):65-67.

[56] 肖利君,许泽宁,王娅蓉.高速公路电子源文件自动组卷管理技术研究[J].信息化研究,2022,48(01):63-68+78.

[57] 刘凯文.人工智能技术在电力系统中的应用与分析[J].通信电源技术,2020,37(05):177-178.

[58] 郝安琪,沈洁.基于自然语言处理的智能病历质控系统的设计与应用[J].中国医疗设备,2024,39(12):71-77.

[59] 戚力彦,汤国龙,汪洋,等.基于自然语言处理的电力物联网标准自动布局规划系统设计[J].电子设计工程,2024,32(22):58-62.

[60] 罗兰.电网企业文档一体化管理优化策略探究[J].兰台内外,2024(01):40-42.

[61] 江柔蓄.人工智能技术在档案管理信息化中的应用[J].数字通信世界,2021(09):180-181.

[62] 刘瑞.区块链、大数据、人工智能等新一代信息技术在档案管理中的应用研究[J].安徽科技,2023(07):39-41.

[63] 杨建梁,刘越男.机器学习在档案管理中的应用:进展与挑战[J].档案学通讯,2019(06):48-56.

[64] 代林序,张玉洁.机器学习在档案管理中的应用与挑战——基于新南威尔士州档案馆机器学习实验的调查与启示[J].档案与建设,2021(05):42-47.

[65] 刘丽,王兆伟,张明智,等.生成式人工智能对档案工作的影响——从 ChatGPT 谈起[J].浙江档案,2023(09):47-50.

[66] 洪佳惠.生成式人工智能在档案实践中的应用及其限度探究[J].中国档案,2024(11):68-71.

[67] 杜周保,倪翠玲.生成式人工智能技术赋能档案资源开发利用的逻辑理路与实践策略——以大型公立医院智慧医疗为例[J].档案管理,2024(04):102-105.

[68] 谭镕,宋薇萍.同济大学副教授陈吉栋:人工智能数据生产者应建立全流程合规管理体系[N].上海证券报,2024-07-11(007).

[69] 甄翔.生成式人工智能应用,中国遥遥领先[N].环球时报,2024-07-11(003).

[70] 梁敏.基于电子健康档案中异构时态数据的机器学习预测模型[D].泉州:华侨大学,2021.

责任编辑　李　农　石　遥　刘永超
封面设计　梵泰书装

公路建设项目电子文件
智慧归档研究

天猫旗舰店

"交通教育出版"公众号

ISBN 978-7-114-19844-1

定价：90.00元